LÉON ADVIER

LE MAL DU PAYS

A PROPOS D'UN HANNETON

LETTRE A SYLVIE — SOUS LE PORTIQUE DU PANTHÉON

LES CATHÉDRALES GOTHIQUES — VISION

SUIVI DE

LES EXTRÊMES SE TOUCHENT

PROVERBE EN UN ACTE, EN EN PROSE

PARIS

LIBRAIRIE GÉNÉRALE

12, BOULEVARD HAUSSMANN ET RUE DU HAVRE

1880

LE
MAL DU PAYS

A PROPOS D'UN HANNETON

LETTRE A SYLVIE — SOUS LE PORTIQUE DU PANTHÉON

LES CATHÉDRALES GOTHIQUES — VISION

IL A ÉTÉ TIRÉ

Douze exemplaires numérotés sur papier de Hollande.

Paris. — Imp. E. CAPIOMONT et V. RENAULT, rue des Poitevins, 6.

LÉON ADVIER

LE
MAL DU PAYS

A PROPOS D'UN HANNETON

LETTRE A SYLVIE — SOUS LE PORTIQUE DU PANTHÉON

LES CATHÉDRALES GOTHIQUES — VISION

SUIVIS DE

LES EXTRÊMES SE TOUCHENT

PROVERBE EN UN ACTE, ET EN PROSE

PARIS

LIBRAIRIE GÉNÉRALE

72, BOULEVARD HAUSSMANN ET RUE DU HAVRE

1880

A

MONSIEUR DELAUNAY

DE LA COMÉDIE FRANÇAISE

ÉLÉGIES

LE SENTIER

Dans une gorge, au pied de la colline
Dont le sommet ondule à l'horizon,
S'ouvre un sentier qu'embaume l'aubépine
Et qu'envahit follement le gazon.

Ce frais chemin, de tout ce qui commence
Offre d'abord l'attrait délicieux :
Ainsi l'enfant, l'aurore et l'innocence
Savent charmer notre cœur et nos yeux.

La haie en fleur vous caresse au passage,
L'herbe est épaisse et douce aux pieds distraits,
Et sur les bords qu'une futaie ombrage
L'œil entrevoit de séduisants retraits.

On croit entendre, à chaque ombreuse place,
Quelque baiser derrière un églantier,
Et l'on croit voir un couple qui s'enlace
Suivre à pas lents les détours du sentier.

Aussi le Temps, ce niveleur d'empreintes,
Est occupé sans cesse à dérouler
Le tapis vert qu'en leurs longues étreintes
Les amoureux se plaisent à fouler.

Bientôt pourtant le sentier se dénude ;
Plus de gazon, son sol est caillouteux,
Dans la colline il mord, il devient rude,
Aride, oblique, encaissé, raboteux.

Autour de lui la pente ravinée
Se précipite et tourne en entonnoir ;
Le sentier grimpe et laisse une traînée
D'un jaune d'ocre où pend quelque arbre noir.

Il rampe, il monte, escarpé, solitaire,
Se heurte aux rocs et revient, hérissé :
Entre l'Autan furieux et la Terre,
Dans ce chemin que s'est-il donc passé ?

Là le Malheur semble tisser sa trame ;
Pour les heureux point de tertre moussu...
Ah ! ce ravin doit ressembler à l'âme
Où sourdement râle un amour déçu !

Là, le sentier s'arrête et se désole,
Ainsi qu'un homme un moment épuisé,
Quand de son cœur l'Illusion s'envole
Comme un ramier, du colombier brisé.

Le vent se plaint dans les arbustes grêles,
Comme un enfant qui sanglote tout bas ;
On croit toujours, dans les mornes ruelles,
Voir la Douleur, seule, tordant ses bras.

Puis le sentier, las de chercher sa voie,
Se cabre enfin, bondit sur le plateau,
Et dans la plaine immense qui verdoie
Descend, tranquille, au penchant du coteau.

Sa pente est douce, et les champs qu'il sillonne
Ornent encor ses bords de quelques fleurs ;
Il a gardé, dans son cours monotone,
Comme un reflet de ses débuts flatteurs.

Où s'en va-t-il? Où le destin le mène;
Il fut joyeux, tourmenté, triomphant;
Il va, paisible, à la route prochaine,
C'est un vieillard qui fut jadis enfant.

Nous que le sort à la souffrance lie,
Nous ressemblons à ce sentier des bois;
Notre douleur devient mélancolie,
Et nous rêvons au bonheur d'autrefois.

SOLEIL D'AVRIL

Que tes sourires ont de charmes,
Doux soleil des premiers beaux jours;
Tu rends moins amères les larmes,
Et les pesants soucis, moins lourds.
Oui, mon âme s'est réveillée,
Comme la terre ensoleillée
Et la fauvette émerveillée
Qui chante dans les buissons verts.
O toi, qu'un rayon transfigure,
O consolatrice, ô nature,
Berce, à ton éloquent murmure,
Tout ce qui pleure dans mes vers !

Ainsi que la jeune épousée,
Tressaille au baiser matinal,

La terre tressaille, irisée
Des feux de l'astre sans rival.
Avril a parfumé la plaine,
La forêt de chansons est pleine,
Et de chaque poitrine humaine
Un soupir d'amour monte au ciel.
O temps d'ivresse et d'harmonie,
Printemps, ta venue est bénie,
Et ma tristesse à l'agonie
Se perd dans l'hymne universel !

Chantons donc, ô muse affligée,
Puisque l'horizon est vermeil ;
Toute larme en perle est changée
Par un seul rayon de soleil.
Chantons, si ton luth vibre encore ;
Chantons les fleurs qui vont éclore,
Le charme infini de l'aurore,
L'ineffable attrait de la nuit.
Disons ce qui nous monte aux lèvres,
Les désirs qui causent nos fièvres,
Et les choses dont tu nous sèvres,
Idéal, qu'en vain l'on poursuit...

— Me voici, ta fidèle amie,
Comme toi pleine de désirs ;

Sur ton cœur j'étais endormie,
Et je m'éveille à tes soupirs.
Dans l'herbe et la jeune ramée
Se joue une haleine embaumée,
Oui, c'est la saison bien-aimée
Des sylphes d'or et des mortels:
Je me meurs d'une joie austère,
Et je m'enivre du mystère
Que chantent ton âme et la terre
Dans leurs renouveaux éternels.

Pour alimenter mes pensées,
Mille séraphins au front pur
M'offrent dans leurs mains empressées
La sève, la flamme et l'azur.
Dans mon extase, je chancelle,
Et j'ai peur, en ouvrant mon aile,
De briser quelque sylphe frêle
Avec son fardeau précieux.
Berce ma langueur inouïe,
Emporte-moi, pâle, éblouie,
Comme une femme évanouie,
Le front renversé sous les cieux...

— O Muse, l'oiseau sur la branche
Expire en son hymne vainqueur

Il faut que le parfum s'épanche
De l'urne, et le penser, du cœur.
Suivons l'élan qui nous transporte,
Dans ton délire, reste forte;
Chantons, puisque tu n'es pas morte
Dans l'étau de la Pauvreté;
Chantons tout ce qui nous élève,
Patrie, amour, pinceaux et glaive,
Et, dans l'action ou le rêve,
Ce que coûte la liberté !

— Ah ! j'ai bu les pleurs de ton âme,
Ils m'enivrent, mon bien-aimé;
Un souffle généreux m'enflamme,
J'ai conçu, ton rêve a germé.
Dans tes songes, dans ta mémoire,
J'ai recueilli l'ardente histoire
Et des vertiges de la gloire,
Et des délires de l'amour ;
Mais, avant que dans la carrière
Je m'élance, vibrante et fière,
Savourons, jusqu'à la dernière,
Les ivresses de ce beau jour !

INSOMNIE

Où vas-tu, sylphe radieux,
Enfant adoré de mon rêve,
Note d'un chant mélodieux
Qu'un sanglot trop souvent achève?.

Je t'aime, écoute mes appels,
O toi qui toujours m'accompagnes
Dans les délicieux castels
Que je vais bâtir aux Espagnes.

Ferme tes ailes de satin,
Je veux te faire un lit de roses,
Et des plus délirantes choses
T'entretenir jusqu'au matin.

Où t'enfuis-tu, quand je t'invite
A goûter d'enivrants plaisirs ;
Pourquoi rallumer mes désirs,
Si tu dois t'envoler si vite ?

Vas-tu dans l'asile éthéré
Où Phébé dépose ses voiles,
Devant son miroir azuré,
Te baigner au sein des étoiles ?...

Hélas ! tu gardes ton secret,
Forme séduisante et menteuse ;
Dans ta course capricieuse
En vain te poursuit mon regret ;

Je vois encor les étincelles
Qui s'échappent de ton regard
Dans le mystérieux brouillard
Doré du reflet de tes ailes...

Mais tu disparais dans la nuit,
De tes traces naît la souffrance :
Ainsi la trompeuse Espérance
Un instant nous berce, et s'enfuit...

LETTRE A SYLVIE

A MADEMOISELLE L. L***

Mademoiselle... non, pas ce mot solennel ;
Il est si froid, si loin du langage réel
    Que parlent déjà nos deux âmes?
Ma plume l'a tracé, mais ne le lisez pas :
Il est tant d'autres noms qu'on ne dit que tout bas,
    Pleins de caresses et de flammes !

Vos yeux étaient rêveurs, ce soir, et, du balcon
Pensive, vous suiviez quelque léger flocon
    Cheminant dans le ciel sans voiles...
L'air est doux, mes rideaux flottent au vent de nuit,
Causons — et dites-moi, puisque le sommeil fuit,
    Ce que vous contiez aux étoiles.

Vous étiez pâle ; hier, vous avez dû pleurer ;
L'ange de la douleur, vient de vous effleurer,
    Son passage est pour moi sensible ;
De votre cœur ému je comptais mieux les bonds,
Vos longs cils abritaient des regards plus profonds
    Où votre âme était plus visible.

L'esprit un peu troublé, le cœur endolori,
Il vous manquait sans doute un bras fort et chéri
    Pour vous pencher, molle et bien lourde :
Vous n'avez pas encore osé prendre le mien...
Quand l'ange devient femme, il lui faut un soutien ;
    A mes vœux ne soyez point sourde.

Vous palpitez, Sylvie, et vos yeux abaissés
Regardent, sans les voir, les fils embarrassés
    De quelque délicat ouvrage :
Tous deux nous nous taisons... délicieux instants,
Prélude harmonieux du bonheur que j'attends,
    J'ai savouré votre passage.

Chère âme, en vous gazouille un oiseau nouveau-né,
Écoutez ce qu'il dit, c'est l'hymne fortuné
    De la créature ravie ;

Et si vous vous sentez rougir sous mon regard,
Cachez-vous dans mon cœur, et prenez sans retard
        Une large place en ma vie.

La mort d'une espérance a causé votre deuil ;
Mais du temple d'amour vous franchissez le seuil,
        Remettez votre écharpe verte.
Si vous m'aimez, il n'est pas d'obstacle indompté
Que ne puisse, à vos pieds, briser ma volonté,
        La route du ciel est ouverte...

Si quelque autre chimère au néant s'envolait,
Si demain une larme à vos cils noirs tremblait,
        Comme une perle détachée ;
Le cœur un peu meurtri par l'amour triomphant,
Si vous aviez besoin d'être bercée, enfant,
        Si mes serments vous ont touchée,

Évoquez-moi, je vous emporterai là-haut,
Au pays où jamais on n'entend un sanglot,
        Loin du sol où gît la souffrance ;
Je ferai naître en vous des songes de velours,
Et mon souffle amoureux vous poussera toujours
        Entre les bras de l'Espérance !

LE BONHEUR

L'homme est insatiable, et son esprit, bizarre ;
Il veut boire à longs traits la vie à pleine jarre,
Croyant trouver ce mythe, objet de son ardeur,
Chimère insaisissable, et qu'on nomme bonheur.
Il use à sa poursuite et son corps et son âme ;
D'impérieux désirs le poussent en avant
Sans qu'il songe jamais à jouir du présent,
Et consument sa vie à leur ardente flamme.
Ce qu'il cherche partout, il passe sans le voir,
Et pendant que, bien loin, à courir il s'attache,
Le Bonheur quelquefois à ses côtés se cache,
Lui dressant un abri qu'à ses pieds il fait choir.

Dans les replis d'un cœur qui souvent le rejette
Il aime à s'égarer, comme la violette
Qui dans l'herbe s'abrite au revers du chemin,
Et dont le doux parfum n'a pas de lendemain.
C'est bien le diamant que recouvre la terre;
Il est encore brut et dérobe ses feux :
L'insensé le repousse et détourne les yeux
Pour se précipiter sur un morceau de verre !

Regardez cette vierge au cœur vibrant d'amour :
Il est peut-être là, ce bonheur introuvable,
Aux bras de cette enfant au sourire adorable
Qui peut, à ses côtés, l'enchaîner sans retour:
Mais l'homme est insensible à ces chastes tendresses ;
Ce qu'il lui faut, ce sont les savantes caresses,
Et les emportements d'un amour effréné
Arrachant l'étincelle à son cœur calciné.
Car il a respiré cette brûlante haleine
Que souffle sur nos fronts le vent des passions,
Et sent gronder en lui, sous mille impressions,
L'ouragan des désirs dont son âme est trop pleine.
Il veut les assouvir, et croit se rendre heureux :
Mais il a repoussé les suaves images,
Et devient le jouet de décevants mirages
Qui passent, emportant son bonheur avec eux.

Bonheur, repos de l'âme, oasis embaumée,
N'es-tu qu'un mot sonore à l'oreille charmée,
Rêve du voyageur qui s'arrête trop las
Au milieu du désert — n'existes-tu donc pas?

A UNE MARGUERITE

Hélas ! que l'on en voit pleurer, de Marguerites !
Que d'âmes à la mer, de cœurs désemparés !
Combien d'heureux hier, demain désespérés !
En paix, ô cœur humain, longtemps tu ne palpites ;
La souillure est bientôt aux robes des lévites
Que l'innocence avait, dans son temple, parés !...
Pourquoi t'arrêtes-tu, chancelante et lassée,
Jeune fille ? Pourquoi ton front est-il pâli ?
Lac, naguère si pur, quel limon t'a sali ?...
Il a pris, n'est-ce pas, ta vie et ta pensée,
Il a pris ton amour, et puis... t'a délaissée...
Pleure, le temps, peut-être, amènera l'oubli...

Pleure, pleure, autrefois on vit couler ses larmes,
On le vit implorer et demander merci,
En sondant, plein d'effroi, l'avenir obscurci...
Il avait, ici-bas, fait ses premières armes :
Replié sur lui-même, et le cœur plein d'alarmes,
Il demandait pourquoi le monde était ainsi !
Naïf et confiant, ignorant de la vie,
Il assistait sans crainte à la course du temps,
Croyant trouver partout, en son âme ravie,
Des roses à cueillir, un éternel printemps.
Puisant à pleines mains aux sources de jeunesse,
Il avait, un beau jour, rassemblé sa richesse
Et formé, l'imprudent, un superbe bouquet
De loyauté, d'amour, d'illusions naïves,
Puis il avait grossi la foule des convives
Que le monde sans cesse appelle à son banquet.
— On ne forme un bouquet que pour l'offrir ensuite,
Le voir, en d'autres mains, s'effeuiller lentement ;
De toute œuvre choisie une offrande est la suite :
A l'homme, Dieu donna la femme au cœur aimant.
— Bientôt, du drame humain la fantasmagorie
Plaçait, interrompant soudain sa rêverie,
A ses côtés, un être éblouissant et pur :
Il avait aussitôt, à cette image aimée,
Offert en palpitant sa gerbe parfumée,
Et suspendu son âme à ses regards d'azur.

Hélas ! on avait pris ses fleurs étincelantes,
On avait respiré leurs senteurs enivrantes,
On avait recueilli, tout en pressant sa main,
Les perles de rosée au sein de leurs calices,
Puis, ainsi qu'on emplit d'oripeaux les coulisses,
On en avait jonché le revers du chemin !
Alors il avait vu se déchirer les voiles
Que les illusions nous tressent ici-bas ;
Il avait cru sentir, par un ciel sans étoiles,
Se dérober soudain la terre sous ses pas.
Pleurant, farouche et seul, sur sa route isolée,
L'espérance si tôt de son âme exilée,
Il avait vu venir le désenchantement
Qui, répandant sur lui sa glace corrosive,
Avait éteint le feu de sa plaie encor vive,
Et comprimé son cœur à chaque battement.
Pourtant le fer était resté dans la blessure...
Marguerite, pleurez, vos âmes furent sœurs.
Mais la sienne déjà vengeait sa flétrissure...
Le sanglier blessé revient sur les chasseurs !
Lorsqu'il vous rencontra, vous, timide gazelle,
Il brisa votre cœur confiant et fidèle,
Comme le solitaire écrase le hallier...
Pleurez, pleurez, pleurez votre bonheur en fuite,
S'il vous a délaissée, ô pauvre Marguerite,
C'est que lui-même, aussi, ne pouvait oublier !

TRISTESSE

Pour se faire une place au soleil de ce monde,
Entre les rangs confus des moutons et des loups,
La lutte est rude ; au sein de la foule qui gronde,
Bien souvent le lutteur tombe sur les genoux.
Il est de durs instants dont le maudit passage,
A son front jeune encor, laisse un pli douloureux,
Comme, au faîte d'un chêne, on voit, après l'orage,
Parmi les rameaux verts, quelque sillon affreux.
Pour connaître ici-bas ces moments de souffrance,
Il suffit qu'en rêvant on se soit attardé
Dans la vie ; au réveil, le martyre commence :
A ses maux, le rêveur lui-même a préludé.
Il arrive à l'étape, affamé, les mains vides,
Seul, les pieds dans la fange et les regards au ciel ;
Le Désir court en vain sur ses lèvres avides :
Il part, inassouvi, le cœur rempli de fiel.

Tout est désharmonie. En vain, plus tard, il presse
Entre ses bras fiévreux son idéal atteint,
Il ne peut oublier les heures de détresse,
Son triomphe est amer, son sourire, contraint.
L'Expérience est là : sa voix impitoyable
Évoque le passé plein de rêves déçus,
Et laisse au malheureux que sa leçon accable
Le désenchantement des bonheurs aperçus.
Allez, illusions, causes des meurtrissures,
Allez, beaux voiles d'or, ceindre un plus jeune front,
Car la Réalité, par ses éclaboussures,
Désormais, sur le mien, viendrait vous faire affront !
Éblouissants miroirs, vous jetez dans notre ombre
Un rayon descendu des pays infinis...
Pourquoi vous brisez-vous?... Ma route était moins sombre
Quand je voyais encor vos mirages bénis.
Salut, ô jours de foi, d'amour et d'espérance !
Salut, grands horizons dévorés d'un regard !
Salut, j'étais heureux et, sous le ciel immense,
L'Enthousiasme ailé me servait d'étendard !
J'étais heureux... en rêve... et le rêve s'efface...
Là, redoutable et sombre, est la Réalité ;
Le monde est devant moi : fourmilière vivace
Qui se rue à l'assaut d'un fétu disputé !
Que me disiez-vous donc, rêves de ma jeunesse ?
Où vous effondrez-vous, beau temple, qu'au matin

Je remplissais encor de mes chants d'allégresse,
Et qui, le soir, croulez au moment du festin ?
Laissez-moi saluer, palpitantes ruines,
Les souvenirs épars sous vos tristes abris ;
Laissez-moi recueillir, dans les ronces voisines,
Quelque belle Chimère errant sur vos débris.
Qu'êtes-vous devenus, délicieux mensonges
Qui jetiez dans ma coupe et la vie et l'orgueil ?
Voilà votre berceau, plein d'amour et de songes :
Voici votre jouet, pantelant, sur le seuil !

UNE VOIX

— Reviens à toi, rêveur ; où veux-tu que conduise
La Folle du logis en son égarement ?
A force de charmer, la rêverie épuise ;
Ingrat, reconnais-moi, je suis le Dévouement.
T'ai-je donc fait défaut ? N'ai-je donc pas su lire
Sur ton front bien-aimé, la joie ou les douleurs ?
Et n'ai-je pas trouvé, pour calmer ton délire,
De muets désespoirs ou des accents vainqueurs ?

— Qui me parle ? Est-ce toi, cher écho de moi-même,
Toi qui redis à Dieu ma joie et mes soupirs,
Et fais que sur ma lèvre expire le blasphème ?...
Ma mère, à toi ma vie... à d'autres mes désirs !

— Enfant, ne poursuis plus d'insaisissables rêves ;
Vois, sans te révolter, le monde tel qu'il est :
Ses tourments semblent longs, ses ivresses sont brèves,
Pour notre âme immortelle, il n'a rien de complet.
Cependant Dieu laissa tomber sur notre route
L'étincelle qui manque à ton cœur anxieux,
Et l'amour, dans la nuit de ton âme qui doute,
Peut flamboyer soudain, comme l'éclair aux cieux !
Sur terre, il est encor de belles créatures
Que la Honte, à son joug, ne saurait asservir ;
Et Celui qui voulut qu'elles fussent si pures,
Pour tâche leur donna : consoler et ravir.
« Au réveil, as-tu dit, le martyre commence ? »
C'est l'action plutôt, c'est l'essor indompté :
N'as-tu plus, pour aimer, de virile puissance,
Ni, pour te faire aimer, d'ardente volonté ?
Reconnais le néant des décevants mirages
Où tu crus entrevoir l'idéal du bonheur ;
Utilise ta force en des efforts plus sages ;
Rêve avec ton esprit, mais pas avec ton cœur.
Il n'est point ici-bas de coupe où s'assouvisse
La soif de l'infini dans ses élans fougueux ;
Mais il n'est pas, ami, de femme qui ne puisse
Rendre un homme meilleur, en le rendant heureux.

— Ah ! je le sais, l'amour qu'en mes rêves j'effleure

Est trop grand pour brûler longtemps un cœur humain ;
Mais qu'il dure une année, une journée, une heure,
Il aura pour toujours éclairé mon chemin !
On ne me verra plus, errant à l'aventure
Entre le passé vide et le pâle avenir,
M'élancer, haletant, dans quelque impasse obscure,
Et, la sueur au front, sur mes pas revenir :
Sans craindre ni chercher la fin de ma carrière,
J'achèverai la route où le sort m'a jeté ;
Et, libre enfin, mon âme ira vers la lumière,
Pleine encor du parfum de son rêve enchanté !

LE RENOUVEAU

Le soleil resplendit, tout rit dans la nature,
Mai nous offre partout ses trésors printaniers,
Partout ce n'est qu'amour, floraison et verdure,
De la rive on entend chanter les nautonniers.

L'oiseau qui s'abandonne aux élans de la brise,
Palpite, ivre d'espace, épris de liberté,
Et l'insecte luisant que le soleil irise
Au brin d'herbe fait part de sa félicité.

La vie à flots nouveaux se répand sur la terre,
Et l'homme, à l'espérance ouvrant son cœur si prompt,
Ainsi qu'un chêne altier qu'enlace un jeune lierre,
Tressaille à son étreinte, et redresse le front.

Viens donc me ranimer, vert rameau, fleur vivace
Qui croît sur le roc'nu du découragement ;
Viens retremper mon âme et dérider ma face,
Viens, succède, Espérance, à mon abattement !

Est-ce en ce coin de ciel qui devant moi rayonne,
Et jette un bleu reflet jusque dans ma prison,
Que tu m'apparaîtras, oiseau qui le sillonne,
Ou, le soir, pure étoile éclairant l'horizon ?

Est-ce avec les soupirs de la vague harmonie
Qu'une lointaine main cherche sur un clavier,
Que tu viendras m'étreindre en pleine rêverie,
Et, pour l'heureux banquet, soudain me convier ?....

Accours, viens raviver ma force et mon courage
Qu'ont énervés déjà, malgré mes jeunes ans,
Les rigoureux hivers qui, dès mon premier âge,
Ont toujours, loin de moi, repoussé le printemps.

Sur ma plume sans cesse un long travail me courbe,
Mes coudes dans le bois ont creusé deux sillons,
Dans l'ornière sans bords lentement je m'embourbe,
Epuisant ma vigueur contre ses tourbillons.

Espérance aux bras d'or, fais résonner ta lyre,
Que toujours mon oreille en perçoive les sons,
Sois la muse au front pur qui m'élève et m'inspire,
Sois le phare brillant de mes ambitions.

A moi la liberté, le soleil et l'espace,
Les chevaux galoppant sur les larges chemins,
La maîtresse enviée au bras qui vous enlace,
L'heure où sont assouvis tous les désirs humains !

A moi les doux loisirs, la solitude et l'ombre
Où, sous les verts massifs des parcs majestueux,
On effeuille, distrait, dans le feuillage sombre,
Les fleurs après leur tige et les pensers heureux

A moi le long repos après les jours de fête,
A moi le beau présent, l'aimable souvenir
A moi tout !... A moi rien... A moi ma pauvre tête...
A moi Jeunesse, en route — il reste l'avenir

A SYLVIE

Il est, — le savez-vous? — des heures précieuses
Où nous sentons soudain notre âme tressaillir :
Des étreintes sans nom, toujours délicieuses,
Quoique étranges souvent et presque douloureuses
          La viennent alors assaillir.
Que leur faut-il pour naître, à ces instants rapides ?
          Un rien, le choc de deux regards ;
          L'éclair de deux grands yeux limpides ;
          Un seul coup d'aile des Hasards.
Hé bien, j'ai salué l'autre jour au passage
Un de ces ces moments-là : vous en souvenez-vous?
Pour moi, que Dieu me garde ainsi que d'un outrage,
De renier jamais ce grand trouble si doux
Qui fait battre le cœur et pâlir le visage
          Lorsque la femme aimée est près de nous !

: SOUVENIR

Souvenir, — mot puissant, le plus harmonieux
    De la langue des hommes ;
Seul, n'exprimes-tu pas tout le peu que nous sommes :
    Atomes de la terre, étincelles des cieux !
Ne retraces-tu pas notre vie incertaine :
Quelques émotions de bonheur ou de peine ;
Quelques instants troublés par l'inquiet Désir ;
La terreur, la pitié accourant se saisir
De notre âme éperdue où s'en vient retentir
    La poignante ironie humaine !
Oh ! lorsque le succès a trompé notre effort ;
Que nous gisons au pied de l'obstacle trop fort,
Mornes, brisés, après des ardeurs insensées,
Etouffant sous le poids de mortelles pensées,

3

Assassinés par l'art, le luxe, la beauté;
Lorsque nous contemplons nos propres infortunes
Aux flambeaux insultants de fêtes importunes,
Dans le désastre affreux de notre volonté;
Si notre âme agrandie au choc de la souffrance,
Oubliant ses liens, dans l'infini s'élance

  Et, frémissante, toute en feu,

  Se penche sur le bord du monde

Afin d'interroger les clartés dont l'inonde
L'immensité sublime, afin d'écouter Dieu;
Si lors elle entrevoit la patrie immortelle
Dont elle est exilée, où le bonheur l'appelle;
Ah! pour elle, espérer un jour y revenir,
Pour elle, n'est-ce pas encor : se souvenir!

RÊVERIE

A M. DELAUNAY
DE LA COMÉDIE FRANÇAISE

> Poëte, prends ton luth et me donne un baiser.
> A. DE MUSSET.

LA MUSE.

Ami, pourquoi pleurer? ne puis-je plus tarir,
    Comme autrefois, tes larmes?
Pourquoi soupires-tu? le monde et tous ses charmes
    Valent-ils un soupir?

La fille d'ici-bas qu'en ta douleur tu nommes
    N'entend pas tes sanglots;
Prête l'oreille... on rit. — Que ton cœur reste clos
    Pour la foule des hommes.

Tu souffres, tu te plains au Dieu de l'Univers
          De ce qu'on t'abandonne :
Et moi, que fais-je ! ingrat ? je t'aime et te pardonne,
          Mes bras te sont ouverts !

Vois, je suis la fidèle et la consolatrice,
Je prends, pour t'effleurer, l'ailé des papillons,
Pour te parler, les fleurs, et du fond d'un calice,
Je te souris de loin sur le bord des sillons.

Ne sens-tu pas toujours, quand le soleil se lève,
Mon baiser sur tes yeux dans un rayon glisser ?
Ne vois-tu pas, le soir, au milieu de ton rêve,
Jusqu'à ton front pensif mon ombre se baisser ?

Pour pénétrer ton âme et bercer ta tristesse,
J'emprunte aux vents plaintifs leur éloquente voix,
Le murmure discret du flot qui te caresse,
Le long bruissement qui s'exhale des bois.

Pourtant, à mes appels, tu restes sourd encore :
La splendeur de la Nuit au pied aérien,
L'horizon criblé d'or par les feux de l'Aurore,
Tout cela, povero, ne te dit-il plus rien ?

Elle t'apparut donc bien belle, cette femme,
Par qui tu m'es ravi, par qui tu fus brisé?
Tes lèvres ont gardé le parfum de son âme,
Ce parfum décevant qui t'a si bien grisé.

Décris-moi sa beauté, sa taille, son visage,
Le regard enchanteur de son œil clair ou noir,
Ses cheveux, son maintien, son pays, son langage,
Son sourire, son air, tout, je veux tout savoir.

L'étreinte de ses bras a-t-elle usé le reste
De mon trésor à moi, ta sensibilité?
Ton cœur serait-il mort au délire céleste
Pour avoir, sur le sien, un instant palpité?

Ne fût-ce qu'un moment, ce démon ou cet ange
T'a-t-il fait triompher en comblant ton désir?
T'a-t-il fait savourer un bonheur sans mélange?
As-tu vidé, du moins, la coupe du plaisir?

Ah! pauvre inassouvi, cette coupe enivrante
Où bouillonnent la vie et le bonheur humain
S'éloigne, pleine encor, de ta lèvre brûlante...
Hélas! je ne saurais la remettre en ta main.

Mais je puis adoucir et panser ta blessure,
Enchaîner dans ton cœur la folle passion,
Et, pour tromper sa faim, lui donner en pâture
Les fantômes de ton imagination.

L'ardente créatrice est là qui nous appelle,
Laisse-moi, vers son char, guider encor tes pas ;
Viens au pays de l'âme où l'amour pur ruisselle,
Où la Beauté rayonne, où l'on ne vieillit pas.

Rappelle-toi nos nuits, nos nuits délicieuses,
Sous les astres d'argent, nos muets entretiens,
Suis-moi, je vais t'ouvrir les sphères bienheureuses,
Et, là-bas, je serai souvent dans tes bras. — Viens...

LE POÈTE.

Muse, fantôme insaisissable,
Seule cause de mes tourments,
O toi qui m'as fait misérable,
Tu ne consoles pas. — Tu mens !
Oui, c'est avec de tels voyages
Sur des océans sans rivages,

— Rêves célestes et maudits
Où, dans son palais de lumière,
L'Idéal brûla ma paupière, —
C'est par là que tu me perdis !

A travers le pays des rêves,
Aux sons trompeurs de ton luth d'or,
Sur les monts, les bois et les grèves,
Je planai dans un fol essor.
Ce sont les ivresses fougueuses
De ces courses vertigineuses
Qui m'ont vaincu, qui m'ont brisé ;
La Beauté, parfaite, infinie,
Les brûlants éclairs du Génie
En m'enflammant m'ont épuisé.

Dans mon extase solitaire,
Je ne me suis plus souvenu
De l'Amour exilé sur terre :
A son tour il m'a méconnu.
Puisque je dois vivre en ce monde,
Pourquoi, cruelle vagabonde,
A mes yeux le désenchanter ?
Pourquoi donc, au fond de mon âme,
Allumer ces désirs de flamme
Que rien ne saurait contenter ?

Que viens-tu me parler d'aurore,
D'ombre, de fleurs, de papillons?
Quand mon printemps durait encore,
J'adorai parfums et rayons;
Mais l'été de ses feux m'embrase,
Mon cœur s'agite comme un vase
Où bout un liquide écumant;
Et le souffle de ma poitrine
Brûlerait ta lèvre divine
Comme le simoun inclément!

Si tu m'aimes, chaste Déesse,
Fais-toi femme : l'Amour t'attend;
Ou fais que mon corps disparaisse,
Que je sois fantôme un instant.
Je souffrirais tout sans me plaindre,
O ma Chimère, pour t'étreindre,
Et te posséder un seul jour :
Mais mon cœur sera mort peut-être
Avant d'avoir pu vous connaître,
Beauté, Bonté, Jeunesse, Amour!

SCÈNES ET ROMANCES

SOUVENIRS DE GLOIRE ET D'AMOUR

Sombre, au sein de la nuit, se dresse le vieux Louvre,
La Seine est à ses pieds, déroulant ses replis,
    Et la bannière qui le couvre
Semble, sur les créneaux, semer ses fleurs de lis.
Soudain, en haut des tours, à l'ogive dernière,
Un visage pensif est venu s'encadrer.
    C'est un vieillard à mine altière :
Il se penche à demi sur la marge de pierre,
    Et laisse son regard errer...
Bientôt, ses souvenirs se réveillent en foule ;
O magie ! à ses yeux, le passé se déroule ;
Voyez-le, frémissant, dans l'ombre se lever :
    Les ans ne courbent plus sa taille ;
Il songe aux nuits d'amour, aux grands jours de bataille !
    Silence, écoutez-le rêver...

Que vois-je en cette mer immense
Où roulent les siècles passés ?
Rêve, ton aile me balance
Sur mes souvenirs amassés !...
Jours fortunés de ma jeunesse,
Heures de puissance et d'ivresse,
Est-ce vous qui m'apparaissez ?.....

Ah ! viens, fantôme de moi-même,
Surgis, brillant comme autrefois,
A l'heure où l'on croit, où l'on aime,
Heureux pour la première fois !

Viens, je pourrai me reconnaître
Aux bonds rapides de ton cœur,
Et tressaillerai de bonheur
Aux frissons parcourant ton être...

Mais, du mystérieux séjour
J'entends sortir un bruit d'armure ;
Quelle est cette mâle figure ?...
Disparaissez, frissons d'amour...

Salut, beaux rêves de victoire,
J'entends vos ailes s'agiter...

Salut, enthousiasme et gloire,
Je me sens vivre et palpiter !

. . . .

. . . .

Partout on admirait, naguère,
Un cadet aux gardes du roi,
Courant sous son harnais de guerre,
Au galop de son palefroi.

A l'ombre de son noir panache,
Son œil brillait comme un éclair,
En croc, se tordait sa moustache,
Et, d'une épée ou d'une hache,
Se jouait son poignet de fer.

Ah ! dans les sanglantes arènes,
Qu'il était beau, le fier soldat,
Quand, son sang bouillant dans ses veines,
Il plissait ses lèvres hautaines,
Pâle et calme au sein du combat !

Oui, chacun admirait, naguère,
Le cadet aux gardes du roi,
Courant sous son harnais de guerre
Au galop de son palefroi !

Mais bien plus doux que souvenirs de gloire,
Est le parfum que laisse en la mémoire,
Le premier rêve à deux, mystère, amour,
Beau paradis perdu sans nul retour !

L'arbre de vie a livré sa dépouille,
Il se dessèche, et la main qui le fouille,
Cherchant encor le doux présent des cieux,
Ne trouve plus ce fruit délicieux !

Lorsque tu meurs en nous, divine flamme,
On voit soudain tout se décolorer ;
Plus tard, le cœur vainement te réclame,
On ne peut pas deux fois te savourer !

Ah ! qu'il était heureux, naguère,
Le cadet aux gardes du roi,
Et qu'il a souvenance chère
Du premier objet de sa foi !

CONSOLATION

I

S'il est un reflet du bonheur
Pour éclairer le voyageur
    Sur terre,
Je le vois dans tes yeux d'azur,
Ces miroirs qu'aucun souffle impur
    N'altère.

Garde bien ta sérénité,
Et prends pour voiler ta beauté
    Mon âme ;
Elle est pleine d'échos charmants
Où vibrent tes gazouillements
    De femme ;

Et si le souffle du malheur
Venait jeter jusqu'en mon cœur
    Ses fièvres,
Seule, tu guérirais mes maux
En opposant à mes sanglots
    Tes lèvres !

II

Ah ! si l'on pouvait te saisir,
Espérance que l'avenir
    Nous donne...
Mais tu t'évanouis souvent,
Comme un lis brisé par le vent
    D'automne.

Enfant qui ne sait pas douter,
Je vois ton regard s'attrister :
    Que fais-je ?
Si le sol brûle sous mes pas,
J'ai toujours l'abri de tes bras
    De neige ;

Et si le souffle du malheur
Venait jeter jusqu'en mon cœur
          Ses fièvres,
Seule, tu guérirais mes maux
En opposant à mes sanglots
          Tes lèvres !

LA HAINE SAINTE

1871

Dans les champs désolés de l'Alsace-Lorraine,
Sombre, seul et muet, j'errais en pèlerin,
Écoutant les soupirs de douleur et de haine
Du pont brisé de Kehl au rivage messin.
Le soir assombrissait les flots de la Moselle,
Mon chemin traversait des décombres noircis,
Je pensais à la France et je pleurais sur elle,
Quand j'aperçus un homme au sein de ces débris.
Ses mains vides semblaient se crisper sur des armes,
Ses lèvres murmuraient des mots fiers et touchants,
Du barde malheureux je respectai les larmes,
Et, dans l'ombre perdu, je recueillis ces chants :

Débris souillés qui fûtes ma demeure,
Muets témoins que j'ose interroger,

Me direz-vous où sont ceux que je pleure,
Et dois-je vivre assez pour les venger?
Ah! lève-toi, tourbillonne, poussière,
Toi dont le meurtre a rougi chaque grain,
Et des lambeaux du crâne de ma mère
Aveugle-les, ces bandits d'Outre-Rhin !

A toi ma vie, ô sainte haine,
Envahis tous les cœurs ardents ;
Frères d'Alsace et de Lorrraine,
Entendez-vous ces flots grondants?...
Ils disent de leur voix immense :
Plus de joug, et vive la France !

A la curée abattez-vous, vampires,
Insultez-nous d'hallalis triomphants ;
Sur vos clairons nous accordons nos lyres,
L'hymne vengeur se rythme sur vos chants.
Frappez, riez... Dans l'ombre le flot monte,
Il se grossit de larmes et de sang ;
Bientôt, un cri : Debout, mort à la honte !
Vous fera taire et fuir en pâlissant.

A toi ma vie, ô sainte haine,
Envahis tous les cœurs ardents ;

Frères d'Alsace et de Lorraine,
Entendez-vous ces flots grondants?...
Ils disent de leur voix immense :
Plus de joug, et vive la France !

Oui, tu vivras, Patrie. — A genoux sur ton seuil
Qu'ils ont cru reculer par la force des armes,
Sous leur drapeau maudit, nos orgueilleuses larmes
Arroseront encor tes vieux lauriers en deuil !

. . . .

Faisons un large pli sur ce feuillet d'histoire :
C'est la page sanglante où doit s'entretenir
Cet ardent feu sacré, phare de la mémoire,
Brûlant pour éclairer les combats à venir;
Laissons le présent sombre à ces voleurs de gloire,
A nous les feuillets blancs qu'entr'ouvre l'avenir !

Enfants, blonds guerriers au front rose,
Pour préparer cet avenir,
Gardez bien l'amer souvenir
Du Teuton brutal et morose.
Et, sous les sabres dégaînés,
Quand vous suivrez vos pâles mères
A la tombe de vos aînés,
Faites serment dans vos prières

De venger leurs larmes amères
Et vos pères assassinés !

Pour nous, vaincus, sauvés de l'hécatombe,
Sachons attendre, et dans l'ombre ramper ;
Abritons-nous, s'il faut, dans notre tombe,
Épiant l'heure où nous pourrons frapper.
Laissons gronder sur nos têtes la foudre,
Le sol tremblant s'entr'ouvrir sous nos pas ;
Dieu nous propose un problème à résoudre :
A ce devoir nous ne faillirons pas !

A toi ma vie, ô sainte haine,
Envahis tous les cœurs ardents ;
Frères d'Alsace et de Lorraine,
Entendez-vous ces flots grondants?...
Ils disent de leur voix immense :
Plus de joug, et vive la France !

L'EXILÉ

Pour l'exilé, que d'amertume
Dans sa trompeuse liberté !
Un désir brûlant le consume
Loin du foyer tant regretté.
Par delà l'horizon immense
Vole toujours son âme en feu ;
Mais il ne peut, dans sa souffrance,
A la patrie, à l'espérance,
Qu'adresser un suprême adieu !

O patrie, un jour, une femme
Vit ployer mes genoux tremblants,
Et, comme prison à mon âme
Fit un collier de deux bras blancs.
Ce fut ma joie et ma richesse,
Mais au fond du verre est le fiel :

A mes amours, à mon ivresse,
Pour pavillon et pour promesse,
Il manquait l'abri de ton ciel !

Sur chaque rive hospitalière
Où me conduisit le Destin
J'ai, pour une cause étrangère,
Bravé la mort avec dédain.
Il faut bien dépenser sa vie,
Semer ce qui fermente en soi,
Mais comme je t'aurais servie
Plus ardemment, ô ma patrie,
Si j'avais combattu pour toi !

Dans les replis de la mémoire,
Ah ! laissons le passé dormir ;
Pour vivre, j'ai besoin de croire
Aux promesses de l'avenir.
Lui seul me rendra cette terre
Où l'on guida mes premiers pas ;
Frémissant d'une joie austère,
Je compte les jours, et j'espère
La revoir avant mon trépas !

DOULEUR ET JOIE

DUO

VOIX DE FEMME
MEZZO SOPRANO.

Un rayon de bonheur, au printemps de ma vie,
Avait brillé comme un éclair :
Ah ! comme l'Espérance est bien vite suivie
Du Désenchantement amer !

VOIX D'HOMME
TÉNOR.

Belle saison sitôt passée
Où l'amour est en fleur,
Doux printemps, jeunesse insensée,
Versez l'oubli dans ma pensée,
Versez l'ivresse dans mon cœur !

4

VOIX DE FEMME.

Courts instants qui m'avez bercée
Sur l'aile d'un rêve enchanteur,
Au sein de mon âme blessée
Vous aviez mis une pensée
D'une impérieuse douceur...

VOIX D'HOMME.

Pour un cœur qui l'oublie
Ou veut lui résister,
Fille jolie
Doit-elle s'attrister ?

VOIX DE FEMME.

Cette riante image

VOIX D'HOMME.

Sur les cœurs qu'il ravage

VOIX DE FEMME.

D'un beau soleil levant,
Comme un nuage
S'est déchirée au vent...

VOIX D'HOMME.

Tourne bien plus souvent
L'amour volage,
Que girouette au vent.

VOIX DE FEMME.

Je n'ai plus le désir de vivre,

VOIX D'HOMME.

Son pouvoir charmant nous enivre,

VOIX DE FEMME.

L'ombre morne envahit mes jours,

VOIX D'HOMME.

Et se renouvelle toujours;

VOIX DE FEMME.

Que ne puis-je, au néant, vous suivre,

VOIX D'HOMME.

Car de sa cendre il peut revivre :

VOIX DE FEMME.

Rayons des décevants amours...

VOIX D'HOMME.

Vidons la coupe des amours !

SANS AMOUR

Aux bras de juin, la Terre
Se pâme sous les fleurs ;
On entend dans le lierre
Mille oiseaux querelleurs.
Des plus suaves choses
L'homme enivré jouit ;
Car tout s'épanouit,
Les amours et les roses.

Ah ! tu brilles en vain, soleil, astre moqueur ;
Je sens l'hiver en moi, j'ai la nuit dans le cœur.

Parmi les hautes herbes,
Avec leurs lévriers,

Bondissants et superbes,
Passent des cavaliers.
Que la vie est heureuse !
De tous les buissons verts
S'élance dans les airs
Une clameur joyeuse !

Ah ! que me voulez-vous, vains échos du bonheur ?
Le silence est en moi, tout se tait dans mon cœur.

Sur la terre embaumée
La nuit descend des cieux ;
Près de la bien-aimée
Court l'amant anxieux.
Venez, heures brûlantes
Des baisers obtenus ;
Sur les bras demi-nus,
Courez, lèvres ardentes !

Ah ! pourquoi m'effleurer, doux rêves de bonheur ?
La fleur d'amour expire au désert de mon cœur.

RÉVEIL

Déjà l'horizon s'illumine,
Le jour paraît dans le lointain,
Et la violette s'incline
Sous les frais baisers du matin.
Le soleil se lève, ô merveille !
En pleurant je tombe à genoux,
La fleur renaît, l'oiseau s'éveille,
O mon cœur, pourquoi dormez-vous ?
Pourquoi cette froideur mortelle
Et ce calme désespérant ?
Ah ! la route est longüe et cruelle
Que l'on fait seul, en soupirant !

Le jour s'enfuit, le vent tourmente
Les grands arbres échevelés,

Et la nuit descend menaçante
Des nuages amoncelés.
L'orage éclate, ô nuit de flamme !
Tout en pleurs, je tombe à genoux,
Un éclair a brûlé mon âme,
O mon cœur, pourquoi tremblez-vous ?
Pourquoi cette chaleur nouvelle,
Pourquoi ce trouble délirant ?
Ah ! la vie est facile et belle
Que l'on passe à deux, en aimant !

INTIMITÉ

T'en souvient-il, aux rives de ton âme,
En naufragé, j'abordai, pantelant ;
Tu fus pour moi le refuge et la flamme,
L'ange d'espoir au regard consolant.
Tu t'inclinas comme un saule flexible,
Appui charmant pour mon bras épuisé,
Et, près de toi, loin du monde insensible,
Je suspendis mon pauvre luth brisé.

Enfant chéri, qui causes mon délire,
Ne baisse pas tes grands yeux étonnés,
Écoute, j'ai des secrets à te dire
Que tu n'as pas encore devinés.
Viens, loin des flots de la foule bruyante,
De la mêlée où j'ai tant combattu ;

L'oiseau d'amour pour nous dans l'ombre chante,
Restons, ce soir, seuls au logis, veux-tu ?

Un trouble immense a soulevé mon être :
Est-ce douleur, est-ce félicité ?
Qu'importe, j'aime et je sens disparaître
Entre tes bras raison et volonté !
Tu me rends fou... pardonne à l'idolâtre
Qui fait de toi son autel et ses dieux...
De mes tourments la terre est le théâtre :
A moi le ciel que je vois dans tes yeux !

A UNE BOTTINE

Elle allait, trottant menu,
Effleurant le pavé nu
De son étroite semelle,
Leste comme l'hirondelle
Que l'on voit raser de l'aile
L'angle du toit biscornu.

Son petit talon verni,
Par nulle tache terni,
Devant l'eau faisait le diable,
Comme l'hermine en la fable,
Et se posait sur le sable
Droit et ferme comme un i.

Sa tige au contour bombé,
D'un beau violet d'abbé,
A la doublure soyeuse,
En cœur s'ouvrait, gracieuse,
Comme la bouche rieuse
Et vermeille d'un bébé.

Mutine sous son gland noir,
Je la voyais se mouvoir,
Comme suit sa fantaisie
La mule d'Andalousie,
Ou, près de sa jalousie,
Une sénora, le soir.

Mais ce qui me fait rimer,
Qui vint surtout me charmer,
C'était, sous un tissu rose,
Une sémillante chose,
Si jolie, ah ! que je n'ose
Vulgairement la nommer.

Cela jaillissait soudain
De sa prison de satin,
Se perdant sous la couronne
De dentelle qui juponne,

Comme un beau fût de colonne
Au chapiteau byzantin.

Cet objet charmant, parfait,
Dont le séduisant effet
Jette une flamme au visage,
Ce rayon dans un nuage,
Vous devinez, je le gage,
C'était... un mollet bien fait !

ATALA

SCÈNE LYRIQUE TIRÉE DU POÈME DE CHATEAUBRIAND

Je fuyais dans les bois avec ma bien-aimée,
De mon front condamné s'éloignait le trépas,
Et, dans les mille abris de la terre embaumée,
La Jeunesse et l'Amour accompagnaient nos pas.

Par une nuit majestueuse
Mon Atala silencieuse
Avec moi sur la mousse errait...
Elle allait, à mon bras unie,
Répandant sa grâce infinie
Sur le désert qui l'entourait,
Et je ne sais quelle harmonie
Régnait au loin dans la forêt...

Tout à coup passe sur nos têtes
Le souffle des Géants de l'air,
Et le sombre Esprit des tempêtes
Nous apparaît dans un éclair.
Ma douce amie épouvantée
Pâlit, dans mes bras emportée...

O nuit, ô désert, ô splendeur,
Vous n'avez pu, sans le détruire,
Cacher un instant mon bonheur !
Celle qu'un vœu terrible inspire,
Mourante d'amour sur mon cœur,
Échappe à ma coupable ardeur.
Et, vierge, entre mes bras expire...

MARCHE FUNÈBRE

Désespéré, chantant les hymnes du trépas,
J'allais sous les grands bois, portant ma bien-aimée,
Le prêtre accompagnait la vierge inanimée,
La Vieillesse et la Mort ralentissaient nos pas.

Maintenant, près du fleuve immense,
Ma Beauté dort sous les palmiers :
Tout doit s'éteindre, ô ma souffrance,
Avant que vous ne vous calmiez !

Que la mort a pour moi de charmes...
J'ai pleuré mes dernières larmes :
Atala, m'attends-tu, dis-moi ?
Mon corps a vieilli, solitaire,
Et mon âme quittant la terre
Bientôt s'envolera vers toi !

SOUPIRS PERDUS

Dans quel paradis inconnu
   As-tu pris ton sourire ?
Vierge, dis-moi d'où t'est venu
   Ce charme qui m'attire ?
Près de toi, mon audace fuit,
   J'ai des pudeurs étranges ;
Sais-je, moi, comme on se conduit
   Sur terre, avec les anges !

Tu dois être au soleil levant
   Plus joyeuse et plus vive
Que le pinson qui livre au vent
   Sa chanson fugitive ;

Mais, solitaire au front vermeil,
Le soir dans l'ombre assise,
Quand tu rêves, le sein pareil
A la vague insoumise,

Sous le ciel qui scintille au loin,
Tu dois être si belle,
Que, pour avoir ton corps divin
Et ton âme immortelle,
Je ferais tout, le bien, le mal,
Et, jusqu'à l'agonie,
Je voudrais t'aimer, sans rival,
D'une amour infinie !

PETITS POÈMES

ET

POÉSIES DIVERSES

LE MAL DU PAYS

L'homme n'est-il donc né que pour un coin de terre ?
A. DE MUSSET.

Pierre était d'un hameau de la Basse-Bretagne,
Dernier fils d'une mère et d'un père adorés ;
Tous trois, par le travail que le calme accompagne,
Vivaient, de leur amour mutuel entourés.
Cependant vint le temps si redouté des mères
Où leurs enfants grandis soldent l'impôt du sang,
Où l'on refoule en soi bien des larmes amères
Pour ne pas laisser croire aux malheurs qu'on pressent.
Un matin le hameau s'emplit de bruits étranges :
Des gars enrubannés chantaient à pleine voix,
Et, pour voir les conscrits, sur les portes des granges,
Curieux bienveillants, couraient les villageois.
Alors Pierre endossa sa veste du dimanche,
Sortit de son logis, pâle d'émotion,

Et, s'essuyant les yeux du revers de sa manche,
Se mêla sans mot dire au bruyant bataillon.
Le conscrit quittait tout ce qu'il aimait au monde,
Ses parents, sa bruyère et son clocher à jour,
Mais quand le devoir parle, il faut qu'on lui réponde,
Et le Breton partit au signal du tambour.

Pierre avait eu vingt ans aux dernières cerises,
Il était devenu soldat de par la loi,
Mais, dans le régiment, sous les capotes grises,
Nul cœur, comme le sien, n'était gonflé d'émoi.
Rien, dans le pauvre gars, ne rappelait l'audace,
La belliqueuse ardeur des Gaulois, ses aïeux,
Qui savaient, sans pâlir, voir la Mort face à face
Et ne redoutaient rien que la chute des cieux.
Le modeste conscrit, aux lauriers de Bellone
N'avait jamais songé, sentant qu'il ne pouvait,
Encor moins qu'éblouir, faire trembler personne,
Et bien plus humble était le bonheur qu'il rêvait.
Ses vœux étaient de ceux qu'un été réalise,
Quand la terre est fertile, et le ciel, généreux;
Ses rêves lui montraient quelque fraîche payse
Qui, pour prix de sa foi, venait le rendre heureux.
Que pouvait devenir, avec son cœur de femme,
Ce grand enfant gêné par l'appareil guerrier?
Pour supporter l'exil, il n'avait pas dans l'âme

Ces désirs d'inconnu qui font l'aventurier ;
Il n'avait pas senti, content d'un sort tranquille,
Naître et gronder en lui cette soif de combat,
Ce besoin de grandir, aux humbles inutile,
Que la lutte aiguillonne et que le calme abat.
Il n'aspirait, hélas ! qu'à revoir son village,
Son corps était au camp, son âme, au champ natal,
Chaque jour s'épuisaient sa force et son courage,
Et bientôt il languit sur un lit d'hôpital.
Oh ! qui nous dépeindra la tristesse infinie
Du malade éperdu qui se meurt loin des siens,
Et ce qu'au malheureux la cruelle agonie
A révélé d'horrible, ô Mort, quand tu surviens !

Le pauvre Pierre atteint d'une langueur mortelle,
De sombres cauchemars les esprits assaillis,
Dans un suprême effort, à ses amours fidèle,
Voulut faire en mourant ses adieux au pays.
« Mon père, écrivit-il, si vous voulez encore
« Embrasser votre fils une dernière fois,
« Venez, je suis bien faible, hâtez-vous, car j'ignore
« Si demain je pourrais répondre à votre voix. »
Au village, là-bas, dans la maison chétive,
Les parents du soldat avaient vécu dix ans
Dans les dix mois passés. La funèbre missive
Vint déchirer le cœur des deux vieux paysans.

Le père lut la lettre avec un œil avide
Et pâlit : — « Mon enfant, cria la mère, Dieu,
Il se meurt! » — et le couple anéanti, stupide,
Demeura sans agir et sans former un vœu.
L'homme enfin, le premier, relève son visage
Et ses bras accablés pour implorer le ciel,
Puis, saisissant au mur son bâton de voyage,
Se redresse, inspiré par l'amour paternel.
L'épouse avait compris : elle prend sans rien dire
Dans la huche, un pain noir, du lard sous le foyer,
Et, brisant à ses pieds sa vieille tirelire,
En réunit l'argent, un écu presque entier !
Tout cela disparaît au fond de la besace
Qu'attendait, pour partir, l'épaule du Breton.
Alors le voyageur, des larmes sur la face,
Frappe résolument le sol de son bâton
Et, donnant à sa femme une étreinte suprême,
Il part. La pauvre mère, errante, sans raison,
Veut le suivre, revient, tourne sur elle-même
Et, morne, l'œil hagard, rentre dans sa maison.

A travers la Bretagne, à petites journées,
Le vieillard cheminait, songeant à son enfant,
Courbé par sa douleur et ses soixante années,
Mais toujours soutenu par l'amour triomphant.
Il cheminait, semblable aux pèlerins antiques,

Buvant l'eau du rocher dans le creux de sa main,
Faisant halte, la nuit, sous les débris celtiques,
Se reposant, le jour, au dolmen du chemin.
Enfin, de ville en ville, une étape dernière
Pour laquelle il retrouve un reste de vigueur
Le conduit pantelant au chevet de son Pierre
Qui gisait, l'œil éteint, accablé de langueur.
Cependant au baiser qui sur son front s'imprime,
Sous l'étreinte des bras qui viennent l'enlacer,
A l'appel de son nom le mourant se ranime,
On le voit, frémissant, sur son lit se dresser.
Il reconnaît celui que son amour réclame :
O douce explosion des sanglots contenus,
O larmes de bonheur, mystérieux dictame,
Venez rasséréner les martyrs inconnus !
Le malade avec feu s'informe de sa mère,
Du logis, des voisins, des morts, des amoureux,
Il s'enivre de tout ce que lui dit son père
Dont il palpe ardemment les vêtements poudreux.
Ces habits maculés, la présence éloquente
Du vieillard vénéré qu'il presse entre ses bras,
Tout cela n'est-il pas une preuve touchante
Qu'un amour infini le dispute au trépas ?
Il faut vivre ! Là-bas, sur la bruyère grise,
Il doit être si bon de s'asseoir au soleil
Et de voir devant soi le clocher de l'église

Dresser sa croix de fer sur l'horizon vermeil...
Pierre a presque vaincu sa navrante inertie.
Tout à coup il tressaille : aux pieds du voyageur
Il vient d'apercevoir la besace amincie.
A sa joue aussitôt monte quelque rougeur,
Et désignant l'objet que de l'œil il dévore :
« Père, père, dit-il, oh! du pain de chez nous!
« Du pain fait par la mère! en avez-vous encore? »
Le vieillard empressé pose sur ses genoux
Sa besace, la fouille en tous sens, et retire
Un morceau de pain noir et dur qu'en hésitant
Il présente à son fils. Le malade en délire
S'empare de ce pain, le contemple un instant,
Le baise avec bonheur et, mouillé de ses larmes,
Le mange avidement, sur son séant levé.
Le père exténué, brisé par tant d'alarmes,
S'affaisse en souriant : son fils était sauvé !

UN BAL EN MER

EN RADE DU PIRÉE

Des rivages de France aux côtes de Morée
Accourue à l'instant sur l'aile du zéphyr,
La frégate semblait, dans l'antique Pirée,
Un royal diamant dans des flots de saphir.
Mille feux s'égarant jusque dans sa mâture
Dessinaient les contours de sa svelte cambrure
Et projetaient au loin leur ardente lueur ;
La vague caressait ses murailles profondes,
Et de ses flancs émus s'exhalait sur les ondes
Une longue, joyeuse et croissante rumeur.
De l'arrière à l'avant, des mâts à la carène,
Ce n'étaient que festons, ce n'était que velours,
La lionne, un instant, s'était faite sirène
Et, coquette, montrait ses plus riches atours.

Les lustres éclatants, formés d'armes de guerre,
Répandaient à l'envi leur magique lumière,
Et, pareils aux rocs noirs dans l'océan jetés,
Se détachaient du pied des tentures splendides
Des matelots armés, sentinelles rigides
Comme les sphynx muets des palais enchantés.
Aux accords entraînants d'une valse enivrante,
Dans un nuage d'or, on voyait se mouvoir,
Uniforme sévère, écharpe chatoyante,
L'intrépide marin et la Grecque à l'œil noir.
Les couples s'enlaçaient sur le bord des abîmes,
Sous les cieux étoilés, flambeaux des nuits sublimes ;
Et le marin venu, poussé par le hasard,
Des bouches de la Seine aux rives du Céphise,
Souriait en voyant, sur sa frégate, assise,
La brune Athénienne au langoureux regard.
Les bijoux et les fleurs en cascade brillante,
Les armes et les croix, fouillis étincelant,
Sous les longs cheveux noirs, l'épaule éblouissante
Dans un gai tourbillon passaient en se mêlant.
La danse en ses replis, folle et capricieuse,
Ondulait, imposante ou bien voluptueuse ;
Dans les coupes coulaient le Chypre et le Xérès,
Et chacun, admirant quelque femme plus belle
Que les marbres sortis des mains de Praxitèle,
Croyait revoir Minerve au temps de Périclès.

. . . .

Dansez, braves marins à l'âme insouciante,
Oubliez un instant la mer et ses dangers
Pour savourer ce fruit de votre vie errante :
Les soucis de demain vous seront plus légers.
Quand, loin de votre bord, vos chaloupes rapides
Vogueront, emportant ces nouvelles Armides,
Vous rêverez encor, penchés sur le tillac,
Aux souvenirs charmants qui vous resteront d'elles,
Et vous verrez les feux de leurs noires prunelles
Éclairer dans la nuit vos songes de hamac.

ACROSTICHE

Murmuré dans un rêve ou dans une prière,
Ainsi qu'un ramier blanc, ce nom doit s'envoler ;
Radieusement pur, il remplit l'âme entière,
Il lui parle d'amour, de beauté, de lumière,
Et peut, d'un seul écho, ravir et consoler !

CRI DE GUERRE ALSACIEN-LORRAIN

TRADUIT DU PATOIS ALSACIEN. — 1871

Hurrah ! Le canon gronde en Alsace-Lorraine !
Nous resterons Français jusqu'au dernier soupir !
Un souffle de volcan court des monts à la plaine :
Vive la France ! Hurrah ! Le grand jour va venir !
Sur ce jour désiré, sur ce jour de vengeance,
O Dieu puissant, bientôt fais luire ton soleil !
La Lorraine et l'Alsace espèrent en la France,
Et ressusciteront au bruit de son réveil !

Bientôt nous entendrons vibrer dans la nuit sombre,
Là-bas, dans la montagne, un lointain : Garde à vous !
Amis, debout ! Sans bruit assemblons-nous dans l'ombre,
Marchons, la haine au cœur, au sanglant rendez-vous !

Puis, au premier signal que le clairon nous jette,
Au vent, les chassepots dérobés aux bandits !
Et, sous nos vieux drapeaux, avec la baïonnette,
Pour nons faire un chemin, fouillons leurs rangs maudits !

Bientôt nous entendrons partout nos frères d'armes
Qui s'abordent, joyeux, dans les hameaux sauvés,
Redire en s'embrassant, les yeux brillants de larmes :
« Dans la vieille Patrie, ils se sont tous levés ! »
Serre tes rangs, Prussien, attends-nous, si tu l'oses ;
Du talion, dans peu, tu subiras la loi,
Car dans la France en deuil les hommes et les choses
Ont un terrible compte à régler avec toi !

Regarde, la forêt se peuple de fantômes,
Mille fusils rouillés surgissent du ravin,
Les vétérans émus abandonnent leurs chaumes,
Car voilà le signal ! Écoute le tocsin !
Tout sert aux bras vengeurs : armes, débris, faux, crosses ;
Prends ton pic, montagnard ; ta serpe, vigneron ;
Enfant, lâche tes chiens, tes grands hurleurs féroces :
Pour cette chasse à mort au Prussien, tout est bon !

Sur le Rhin, reparaît le drapeau tricolore ;
Les flots tumultueux se rougissent de sang ;

Forte de ses malheurs, la France est grande encore,
Tout un peuple, à sa voix, s'est dressé frémissant !
Hurrah ! Français ; bientôt, de nos hontes dernières,
Nous pourrons nous laver dans un sang détesté,
Et nous mettrons au pied des tombeaux de nos frères
Une croix et ces mots : Patrie et Liberté !

6

SOUS LE PORTIQUE DU PANTHÉON

1878

Il est nuit. Devant moi Paris est là dans l'ombre,
Poursuivant aux flambeaux son incessant labeur,
Et l'on entend au loin monter des bruits sans nombre
Qui forment un concert d'une étrange grandeur.
On dirait le hurrah d'une armée innombrable
S'avançant à travers l'espace ténébreux,
Ou la rumeur des flots se brisant sur le sable;
Et tous ces bruits confus semblent se dire entre eux :
« Nous sommes le travail, les fils de la pensée,
« Nous planons au-dessus des abîmes ouverts,
« Et nous relèverons la patrie abaissée
« En anéantissant les causes des revers.
« Vaste bruissement des êtres et des choses,
« Espoirs, serments, projets, fermentant dans ces murs,

« Austères souvenirs des combats grandioses
« Dont l'écho gronde encore au cœur des hommes mûrs,
« Tout ce qui monte aux cieux nous prête une harmonie,
« Les clameurs de la foule et le cri de l'enfant ;
« Ici respire un peuple, hier à l'agonie,
« Qu'on reverra demain prospère et triomphant ! »

. . . .

O bruits, envolez-vous, éloquents, dans l'espace,
Penseurs, glanez pour tous au champ du souvenir.
Dans les cœurs éprouvés la récolte s'amasse,
C'est la riche moisson dont vivra l'avenir.
Bientôt du sein fécond des âmes retrempées
Surgiront le génie et les mâles vertus,
Comme on voit, au printemps, les vivaces cépées
Jaillir du pied meurtri des chênes abattus !
Sur le passé sanglant, lève-toi, Renaissance,
Rends à nos fils, la gloire ; aux cités, les pavois ;
Fais qu'on puisse bien haut lever la tête en France
Et songer sans rougir aux héros d'autrefois !

. . . .

Mais qu'ai-je vu soudain passer dans l'ombre épaisse ?
D'où surgit ce fantôme aux séduisants contours ?
N'est-ce pas là l'enfant de la noble Lutèce,
Trahi par les Destins, pâli par les amours ?
Oui, cet adolescent est de race gauloise.
De ses fauves aïeux voilà bien le teint blanc.

L'audace a dessiné sa lèvre un peu narquoise.
Il s'avance au hasard, le corps souple et l'air franc.
Dans cet œil un reflet des bravoures antiques
Revit, et fait songer à ces preux sans rivaux
Qui, tombant, illustraient par leurs luttes épiques
Les murs d'Alésia, le val de Roncevaux.
Sans doute le génie effleura ce visage
Où se joue un rayon du siècle de Louis :
Fécondante clarté qui passe d'âge en âge,
Comme un legs immortel des temps évanouis...
Cependant, sur ce front, quel voile de mollesse!
Dans ce jeune regard, que de fiévreux éclat!
On dirait que déjà ces trésors de jeunesse
Ont subi, d'un larron, quelque impie attentat!
Fils des Gaules, où tend ta marche languissante?
Quel malfaisant Esprit t'enchaîne sous sa loi?
Que cherches-tu des yeux dans la cité brûlante?
Quel est ton nom, ton but, qu'es-tu donc? Réponds-moi!
— Qui je suis?... je ne sais... Quelques mots du poème
Que le Temps seul écrit sur le grand livre humain...
Une aube qu'on salue... un espoir... un problème...
La Génération des hommes de demain...
— O ciel! Oui, c'est bien toi, qui portes l'espérance;
Ah! ne va pas, enfant, te la laisser ravir;
Cette voix qui t'adjure est celle de la France
Que tu prétends aimer : sache donc la servir!

6.

Une force ennemie au déshonneur t'entraîne ;
Contre elle, il n'est qu'une arme, et c'est ta volonté :
Tu la connais trop bien, la fatale Sirène,
La précoce, l'impure, elle a nom Volupté.
Quand tu la rencontras, ses yeux disaient : ivresse...
Dans ses bras t'attendait l'oubli du lendemain...
Prodigue, tu vins mettre à ses pieds ta jeunesse,
Magnifique tapis jeté sur son chemin.
Voilà l'objet trompeur de ton culte idolâtre.
Les ans, sur ses autels, brûlent comme des jours :
Force, croyance, ardeur, courage opiniâtre,
Tout est détruit par vous, dissolvantes amours !
— Hé bien ! que l'univers autour de moi s'écroule,
Si les plaisirs sont courts, ils sont délicieux ;
Ma jeunesse, il est vrai, comme un torrent s'écoule,
Mais, comme lui, bouillonne et chante sous les cieux.
A moi l'ardent nectar des voluptés humaines,
Qu'il me brûle le corps : exister c'est sentir !
Pourquoi craindrions-nous d'user les lourdes chaînes
Qui font ramper l'esprit près du charnel désir ?
Gloire à Dieu qui créa la beauté de la femme ;
Voilà le seul autel où je veux l'adorer ;
Pour un baiser d'amour je donnerais mon âme,
Dans un baiser d'amour je voudrais expirer !
— Enfant, n'appelle pas amour la parodie
Qui te retient courbé sous son charme énervant ;

Les flammes de tes sens ne sont qu'un incendie
Dont tu prends la lueur pour le soleil levant.
Ton cœur reconnaîtra l'Ève fidèle et pure
Qui doit d'un chaste amour enfin le réchauffer,
L'objet digne et charmant d'une flamme qui dure,
Que le souffle d'autrui ne saurait étouffer.
Regarde devant toi, marche dans la lumière,
Dédaignant les clartés des nocturnes festins ;
Des sommets reconquis mesure ta carrière,
Élargis le sillon que t'ouvrent les Destins.
Rêve à l'immense, au beau qui fait oser et croire ;
Prends la plume ou l'épée, et, des chants aux combats,
Du doux rêve au labeur, de la lutte à la gloire,
Monte, monte au-dessus des fanges d'ici-bas !
— Le pourrai-je jamais ?... Si le succès recule,
Si ma route est barrée et l'obstacle, d'airain ?...
— La volonté tient lieu de la force d'Hercule ;
Où t'attend l'avenir, marche, le front serein.
— Quelle est la récompense à mes efforts promise ?
— Après les grands efforts, il est cela de beau,
Qu'on peut s'ensevelir dans la gloire conquise,
A l'ombre des lauriers qui couvrent le tombeau !

ACROSTICHE

Gagner un beau laurier au prix de mille peines

A, pour les cœurs ardents, d'invincibles attraits ;

Baiser la Gloire au front, dût-on mourir après,

Résumera toujours les ivresses humaines !

Il est aussi pour nous des instants précieux,

Empreints d'un charme étrange et d'une essence exquise :

L'âme s'ouvre, une fée à l'aspect gracieux,

La Sympathie, approche à pas mystérieux,

Et l'âme qu'elle effleure est à jamais conquise.

LE PROCÈS DE L'AMOUR

On n'a plus de tes nouvelles,
Gentil Amour, que fais-tu ?
T'aurait-on coupé les ailes
Au nom de dame Vertu ?
Ton carquois serait-il vide,
Ou, de ta flèche rapide
Le coup porté, moins heureux ?
N'est-il donc plus un cœur tendre,
Ou bien, pour savoir le prendre,
N'est-il donc plus d'amoureux ?

Ah ! pauvre Amour, je t'accuse
D'impuissance, en vérité,

Et tu lèves sur ma Muse
Ton œil d'enfant irrité :
Eh bien ! fais cesser mon doute,
Va donc, montre-moi la route
Où tu laisses sur tes pas
Des élus et des victimes,
Des monuments, des abîmes...
J'attends, nouveau saint Thomas.

Parmi les fêtes du monde,
Sur tes pas capricieux,
Je vois surgir à la ronde
Les désirs audacieux.
Le plaisir nous environne ;
Guide-moi, beau cicérone,
Au pays où tu te plais ;
Viens, j'entends vibrer des harpes,
Je vois flotter des écharpes...
Pénétrons dans ce palais.

Grandes voix de l'harmonie,
Puissants coursiers du plaisir,
Dans une ivresse infinie
Vous nous faites tressaillir.

Soudain le cerveau bouillonne,
L'être palpite et frissonne
Aux sons des archets aimés ;
Parfums, mélodie et danse,
Sous leur magique influence,
Tiennent tous les sens charmés.

Mais les étoiles pâlissent,
La valse vient de mourir ;
Les couples se désunissent
A regret ; il faut partir.
Les regards jettent des flammes,
Et les épaules des femmes
Se cachent sous le velours ;
Le Désir ouvre ses ailes ;
Et le frou-frou des dentelles
Court le long des tapis sourds.

Et puis... et puis c'est l'aurore
Qui succède à toute nuit ;
Banal roman qu'on ignore
Qui s'est dénoué sans bruit ;
Pâle feu follet qui rôde ;
OEuf éclos en serre chaude...

Ah ! dis, Amour enchanté,
N'es-tu plus la flamme ardente
Qui fit qu'Ève délirante
Perdit l'immortalité !

Mais l'enfant vaincu sommeille...
Rayons du soleil levant,
Dorez sa lèvre vermeille,
Qu'il sourie en s'éveillant.
Déjà les pinsons, les merles
Égrènent de fines perles
Sur les échos de cristal :
En quête, Amour, allons, vite,
Tâchons de surprendre au gîte
Ce qui n'était point au bal !

Là-bas, près de la gouttière
Où sautille un moineau franc,
J'entends une voix légère
Et j'aperçois un bras blanc.
Dans la fraîche matinée,
Chanson et peau satinée
Sortent du riant séjour
Par la fenêtre entr'ouverte,

Et, sous la persienne verte,
On devine un nid d'amour.

Salut, temple de jeunesse,
Pays du rire léger,
Où l'Amour a pour prêtresse
La Muse de Béranger !
Dans ta mansarde, ô Lisette,
Chante, chante : ton poète
T'aime, le reste n'est rien !
Son âme rêveuse et forte
T'idéalise et t'emporte
Dans son vol aérien !

Elle et Lui : raison suprême
D'où jaillissent force et foi ;
Pur rayon, divin poème,
Amour vrai, c'est donc bien toi !
Que dis-je ?... erreur passagère...
Ma fée est une mégère
Et l'Amour est un trompeur.
Il est là, moteur étrange
De cette scène qui change,
Insoucieux et railleur.

Oui, par la porte qu'on pousse,
Je vois un Gousset rempli :
Il entre, regarde et tousse
Pour avertir que c'est lui.
Ah ! piteuse contrebande !
Des écus, la sarabande
Éblouit les plus beaux yeux...
— Pourtant, me dit l'Amour frêle
Qu'à ce tableau je querelle,
Hélàs ! j'ai fait de mon mieux !

— Plutôt que d'effleurer l'âme
Comme un léger papillon,
Enfant, de tes traits de flamme,
Creuses-y donc un sillon.
Dans la blessure bénie,
Germera la fleur de vie
Qui sauve l'homme lassé,
Puis le place avec ces ombres
Qui, radieuses ou sombres,
Planent sur le grand Passé.

Autrefois, comme en notre âge,
Tu savais, cher inconstant,

Jeter des fleurs au visage
Et t'enfuir au même instant.
Tu foulais bien la poussière
De ce chemin de l'ornière
Par le vulgaire aplani,
Mais tu savais prendre un être
Et, levant ta main de maître,
Le lancer dans l'infini !

Amour, aux champs de l'histoire,
J'ai rencontré tes élus,
Ces amants dont la mémoire
Ici ne s'éteindra plus.
C'était l'époque féconde
Où tu régnais sur le monde,
Plein de force et de splendeur ;
Et tes heureuses victimes
Avaient des reflets sublimes
De noblesse et de grandeur.

Tu n'es plus l'Amour qui tue,
Ni l'éclair éblouissant
Qui, dans notre âme abattue,
Allume un feu tout-puissant ;

Sans tes ailes tu chemines,
Et ne peux, dans nos poitrines,
Jeter la vie ou la mort,
Car tu vacilles sur terre,
Pâle comme un réverbère
Et tremblant comme un remords.

Mais l'Amour, les yeux en larmes,
Relevant son front charmant :
— N'insulte pas à mes armes,
Me répond-il doucement ;
En vain tu veux méconnaître
Mon pouvoir ; demain, peut-être,
Tout palpitant sous mes coups,
Dans un hosannah suprême,
Tu renieras ton blasphème
En m'adorant à genoux !

LE SECRET DE POLICHINELLE

Par les tristes autans la terre est envahie,
Auprès du gai foyer chacun se réfugie,
　　L'hiver règne en vainqueur ;
Nous sommes prisonniers entre nos portes closes,
Et c'est l'heure du soir où l'on rêve des choses
　　Qui font battre le cœur.

Eh bien, puisque toujours, depuis Ève la blonde,
La femme, avec sa grâce et sa beauté féconde,
　　Sur l'homme eut ce pouvoir ;
Puisque Adam préféra, tant il la trouvait belle,
L'exil à ses côtés au paradis sans elle,
　　Et l'Amour au devoir ;

Puisque cet amour doit, par sa force secrète,
Du berceau babillard à la tombe muette,
        Toujours nous soutenir ;
Qu'il commande en tyran à nos mains de se joindre,
Enfant, pour embrasser, homme fait, pour étreindre,
        Et, vieillard, pour bénir ;

Chantons, chantons l'amour et celle qui l'éveille,
Chantons ; la strophe ailée arrive à son oreille
        Et lui parle de nous,
Pendant qu'au bruit léger des frou-frou de sa robe
Nous cherchons son regard qui brille et se dérobe
        Sous l'éventail jaloux.

        Or, au sein des fêtes du monde,
        Parmi les propos animés,
        Lorsque la valse dans sa ronde
        Entraînant les couples charmés,
        A son doux rythme les balance,
        Pleins d'abandon et d'élégance,
        Dites-moi donc pourquoi, messieurs,
        Sous le charme qui vous attire,
        Plus fin devient votre sourire
        Et votre œil plus audacieux ;

Pourquoi soudain de votre épaule
Tombe le manteau du souci,
Quand vous glanez à tour de rôle
Les « oui » charmants et les « merci »;
Pourquoi chaque instant qui s'écoule
Au sein de la brillante foule
Vous offre de nouveaux plaisirs;
Et, quand la danse vous invite,
Pourquoi le temps passe trop vite
Selon vos renaissants désirs.

Pourquoi ?... Le mot de ce problème,
Vieille chanson, tu le diras !
« Ce n'est pas la danse que j'aime,
« C'est... » tout ce qu'effleure mon bras.
C'est l'écharpe qui me caresse
Le front blanc sous la lourde tresse,
Le bras souple et le pied léger ;
C'est la main dans ma main captive,
Et la parole fugitive
Qu'un instant nous laisse échanger '

Pourquoi ?... La réponse éternelle
Des enfants d'Adam exilés,

Le secret de Polichinelle
Qui s'échappe des cœurs gonflés,
C'est le nom de cet enfant traître
Qui, tôt ou tard, nous parle en maître,
Qui peut nous courber comme un jonc,
Et, sous l'écorce qui le couvre,
Étreignant notre cœur qui s'ouvre,
Nous faire crier : j'aime donc ! ! !

Puisque j'évoque, Amour, ta force souveraine,
Jette un peu ce bandeau loin de ton front béni ;
Tu peux servir de guide à la pensée humaine,
    Cette buveuse d'infini.

Autour d'elle, le Doute en vain trace son cercle
Qui sort de la poussière et finit au néant,
C'est ton souffle qui la soutient de siècle en siècle
    Sur le vide obscur et béant.

Lorsque le scepticisme a desséché notre âme,
Qu'au-devant de l'absurde il traîne la raison,
Aux désorientés que reste-t-il ? — La femme,
    Avec l'amour à l'horizon !

Sur l'autel déserté des pénates antiques,
Seule, elle apporte encor sa prière et son vœu ;
Seule, elle y vient tracer, pour quelques chers sceptiques,
Les mots : Foyer, Patrie et Dieu !

SONNET ACROSTICHE

Mariez-vous, amis, tout vous sourit sur terre,
Amour, grâce, fortune, horizon et chemin ;
Tous vos rêves d'hier, qu'aucune ombre n'altère,
Harmonieusement s'accompliront demain.

Il vous sera donné, pleins d'un bonheur austère,
Lorsque vous marcherez, seuls, la main dans la main,
De rendre hommage au Dieu dont veut douter Voltaire,
Et qui fit cependant le grand poème humain.

Au livre de la vie il existe une page
Lumineuse, et toujours cet unique passage
Fidèlement se grave au fond du souvenir :

Ravis, vous êtes prêts à l'épeler ensemble,
Et ma Muse a voulu, devançant l'avenir,
D'un souhait saluer l'hymen qui vous rassemble.

LA LUNE DE MIEL

Au milieu d'une nuit charmante,
Aux sons d'une valse mourante,
Le premier quartier s'est levé !
Déjà tourtereau, tourterelle
S'approchent en battant de l'aile
Pour goûter le bonheur rêvé...
On a placé le nid de mousse
Bien loin de la foule et du bruit ;
Tout regard indiscret s'émousse
Sur le mystérieux réduit ;
Dans la brise on respire encore
Un vague parfum d'oranger ;
On s'aime du soir à l'aurore,
C'est toujours l'heure du berger ;
Les baisers aux ailes de flamme

Se croisent, et portent dans l'âme
L'extase et le ravissement ;
On veut croire, mensonge aimable,
Que *toujours*, ce mot adorable,
Signifie : éternellement ?

. . . .

Mais cependant, sous les lèvres avides,
Se fond bientôt le doux rayon de miel ;
Et, retenant ses ailes trop rapides,
L'Amour consent à descendre du ciel :
On se souvient qu'il existe sur terre
Des bords charmants à visiter à deux ;
Plus n'est besoin d'un si profond mystère
Pour s'adorer, se le dire, être heureux.
Le temps s'enfuit. Sur les époux se lève
L'arc radieux du deuxième quartier ;
Ils ont compris que toute ivresse est brève,
Et vont, cherchant les détours du sentier.
Elle, touchante en sa pâleur d'étoile,
Ose jeter un regard plus hardi
Sur ce bonheur nouveau qui se dévoile
A la clarté du bel astre agrandi.
Elle contemple entre ses bras de neige
Ce maître aimé qui commande à genoux,
Cet inconnu qui révèle et protège,
Cet être enfin qui s'appelle un époux.

Pour lui, ce bonheur qu'on envie,
C'est la coupe pure et ravie
Au banquet dans ses nuits rêvée,
Offerte en l'été de sa vie
A son palais inabreuvé !
De ses lèvres s'il la détache
Et l'en éloigne avec effort,
Soudain la flamme qui s'y cache
Vient étinceler sur son bord ;
L'époux, vers la voûte étoilée,
Élève la coupe emperlée
Qui semble à ses yeux s'embraser :
Dans sa ceinture de topaze
Il la regarde avec extase...
Puis il la boit dans un baiser !

. . . .

C'est très beau. Mais déjà, dans la nuit nébuleuse,
Le troisième quartier décroît à tous moments,
Et les reflets ardents de la flamme amoureuse
S'éteignent chaque jour dans les yeux des amants.
Ils n'en sont plus, hélas ! à la phase sereine
Où les mêmes désirs de leurs cœurs étaient rois !
Monsieur a besoin d'air, Madame a la migraine,
Et l'Amour, haletant, est bientôt aux abois.
Madame fait la moue — et sa mignonne bouche,
Au lieu de doux baisers, laisse échapper souvent

Des reproches: « Monsieur, cœur dur que rien ne touche,
« A de vilains défauts, qu'il cachait mieux, avant !
« Il la fuit pour le cercle et l'odieux cigare,
« Il est, pour soi, prodigue, et, pour sa femme, avare ! »
Lui, qui revient du ciel, a vu, dans le trajet,
Que de l'ange adoré les séduisantes ailes
N'étaient qu'un fin tissu de coûteuses dentelles,
Et, le soir, il regarde, en faisant son budget,
   Au sein de la nuit brune,
   Comme un pâle fanal,
    La lune
   Sur le toit conjugal.

. . . .

Vient le dernier quartier. C'est l'hiver et la bise,
C'est le passage affreux de la Bérésina ;
Les deux cœurs sont glacés, et l'amour agonise
Sur les débris des fleurs dont il se couronna.
   C'est la mort... non, non, c'est la vie,
   Le printemps, le soleil chéri !
   Et la jeune femme ravie
   S'appuie au bras de son mari.
   Elle murmure à son oreille
   Deux ou trois mots en rougissant ;
   Le pauvre Amour qui se réveille
   Entend un secret ravissant.
   Plein de joie, il ouvre ses ailes,

Enlace de chaînes nouvelles
Les ingrats à ses lois rebelles
Qu'un nuage allait désunir ;
De leur trouble naît la tendresse,
Chaque heure est une enchanteresse
Qui vient, riche d'une caresse,
Dévoiler le jeune avenir.
Mais, chut !... respectons ce mystère
Accompli sous l'œil de Phébé.
Ce doux poème de la terre,
C'est... Monsieur, Madame et Bébé.

DÉSIR

Elle a l'âge heureux où la jeune femme
Est tout harmonie et rayonnements ;
Les arts, la fortune ouvrent à son âme
Un vaste horizon plein d'enchantements.

Partout elle obtient de flatteurs suffrages
Du monde empressé qui lui fait accueil ;
Sur cet océan fertile en naufrages,
Sa vertu jamais n'a trouvé d'écueil.

Sur terre elle a tout, hormis une chose
Que désire et craint son cœur anxieux :
Elle ignore encor ce que l'amour cause
De trouble profond et délicieux.

Son titre d'épouse est une ironie ;
Qu'es-tu devenu, rêve virginal ?
La déception dut être infinie,
Une fois passé le seuil conjugal !

Mais le temps s'écoule — En elle s'éveille
L'écho des tourments dont je l'entretiens ;
Auprès d'elle sont mes fleurs de la veille,
Et ses yeux voilés évitent les miens...

Oh ! mes doux présents au muet langage,
Fleurs qui lui parlez d'un Eden perdu,
A-t-elle, aux souhaits dont vous êtes gage,
A-t-elle, en pensée, au moins répondu ?...

Symboles touchants devant qui rayonne
Le regard ému qui les aperçoit,
Bouquets parfumés où la main qui donne
Effleure en tremblant celle qui reçoit,

Ah ! vous exprimez mieux que les paroles
Ce qui vient des cœurs ravis ou brisés...
Elle a dû cacher parmi vos corolles
Quelque cher trésor, larmes ou baisers...

Oh ! si vous pouviez être mes complices,
Lui ravir enfin un poignant aveu !
Oh ! que je voudrais, dans tous vos calices,
Pouvoir égarer mes lèvres en feu !

En vous aspirant, senteurs enivrantes,
Quelque chose d'Elle en moi passerait ;
Vous exhaleriez, ô pâles mourantes,
Le cri de son cœur : souffrance et regret !

Alors, rassemblant ces fleurs moissonnées,
Débris éloquents, oracles certains,
J'irais, secouant leurs tiges fanées,
Ainsi que d'un fouet cingler les destins :

Les destins boiteux, aveugles, stupides,
Qui font de la vie un plat carnaval,
Où l'on n'aperçoit que couples hybrides
N'ayant pour lien qu'un chiffre dotal ;

Où le cœur se glace et se rapetisse
En se nourrissant d'amour calculé ;
Où l'on ne surprend que gaîté factice,
Fébriles regards, plaisir essoufflé ;

Où l'on voit, parés de chaste ignorance,
Les plus fins minois échoir aux lourdauds ;
La beauté, l'esprit, la fière élégance
S'offrir en pâture aux princes des sots ;

Où les yeux ardents et la gorge blanche
Prompte à s'émouvoir, qu'on baise à genoux,
La taille cambrée et la large hanche
Et le pied mutin dont on est jaloux,

Où tous ces trésors que l'amour nous donne,
Source d'un bonheur fait pour éblouir,
Tombent trop souvent, sans fruit pour personne,
A quelque impuissant qui n'en peut jouir !

Cependant, autour de l'honneur qui lutte,
Le puissant Désir rôde nuit et jour ;
Demain peut sonner l'heure de la chute,
Avant le remords peut régner l'amour !

Elle est pure encor ; sa pudeur surprise
Rougit des succès dus à sa beauté ;
Mais d'elle s'exhale un parfum qui grise,
Trouble la raison et la volonté ;

Mon être l'attend, la veut, la réclame,
De ce bien sans maître il va se saisir
De par tous les droits du corps et de l'âme
Qu'a brûlés longtemps l'acharné désir.

Nul doux souvenir, pas un berceau même,
N'a rendu sacré l'abri nuptial :
Le voilà venu cet instant suprême
Où l'on foule aux pieds le joug social !

Monde, comprends-tu ? — je l'aime — Elle est belle —
Le reste n'est rien — Mon désir est roi —
Il est triomphant — Le bonheur m'appelle...
Descends dans mon cœur, ciel — Elle est à moi !

Mais l'amour coupable est un vent d'orage,
Brûlant précurseur des déchirements ;
O société, c'est là ton ouvrage :
N'insulte pas trop à ces dénoûments.

LA BIENFAISANCE

A MADAME MARIE B***

Vertus des temps passés, vous que je croyais mortes,
Vous cheminez toujours dans ce monde nouveau,
Vous vous courbez parfois pour passer sous ses portes,
Mais votre taille encore est à l'ancien niveau.
Il est toujours des fronts que l'honneur illumine,
La flamme du courage en nos cœurs brûle encor,
Et la fraternité, malgré le mal, domine
De la mansarde nue au palais brillant d'or.

. . . .

C'était sous les arceaux d'une église moderne,
Deux époux venaient d'être unis devant l'autel,
Et pendant cet instant où chacun se prosterne,
Un *O salutaris* s'élevait vers le ciel.

Va vers ton créateur, éclate, voix humaine,
Pleure pour implorer, perds-toi dans l'infini,
Supplie, en expirant, la Bonté souveraine
D'accorder le bonheur au nouveau couple uni !
L'épouse est là, tremblante, et sent bondir son être
En regardant l'anneau qui brille à son doigt nu ;
La vierge meurt en elle et la femme va naître,
Elle pose le pied sur un sol inconnu.
Auprès d'elle est celui dont l'amour la réclame :
Elle, est pleine de crainte et chérit sa terreur,
Lui, songe, à ses côtés, qu'il a pris charge d'âme,
Et, dans un noble élan, sent s'agrandir son cœur.
Ils s'aiment. Leur destin à chacun fait envie.
Leur amour, empruntant les ailes de l'esprit,
Jusqu'aux plus purs sommets, à monter les convie.
Ils se doivent au bien, et le beau leur sourit.
Pourtant tout s'opposait à ce que ces deux êtres
Vissent s'épanouir la fleur de leur amour ;
Malheur et Pauvreté, leurs redoutables maîtres,
Semblaient les condamner aux regrets sans retour.
Mais la mélancolie, ombre de leur jeunesse,
Devait rendre plus doux leurs mutuels aveux :
Il suffit bien souvent, pour que le bonheur naisse,
Qu'un puissant de la terre ait murmuré : « Je veux ! »
Regardez : à travers la foule recueillie
Qui se presse en ces lieux pour fêter les époux,

Une femme s'avance, avec joie accueillie,
Et, non loin de l'autel, vient plier les genoux.
L'hommage qu'on lui rend est la reconnaissance,
Son cœur s'émeut toujours au mot de charité :
Faites-lui place, tous, car c'est la Bienfaisance
Dans toute sa grandeur et sa simplicité !
Pour contempler son œuvre, elle est ainsi venue.
Céleste messager de bénédictions,
Verse-lui dans le cœur une joie inconnue,
Toi qui redis à Dieu les belles actions !
Pour moi, faible mortel, ah ! si j'étais poète,
J'écouterais rêver le couple bienheureux,
Cherchant à lui ravir quelque larme secrète
Par la reconnaissance arrachée à ses yeux.
Cette larme jetée au creuset du génie
Y deviendrait sans doute un royal diamant,
Et je voudrais l'offrir à cette fée amie
Que les jeunes époux bénissent en s'aimant.

ACROSTICHE

Ma muse égrène encor, doux nom de Marguerite,
Ainsi qu'un chapelet, tes lettres de cristal...
Résonne donc, réponds à ma voix qui t'invite,
Guide ma rêverie aux champs de l'idéal.
Un parfum pénétrant des légendes lointaines
Enivre, quand tu viens sur les lèvres humaines,
Riche de poésie et de sonorité ;
Il semble... mais que sont les fables les plus belles ?
Tout le charme ici-bas vient des choses réelles,
Et, pour nous, Marguerite est la réalité.

LES CATHÉDRALES GOTHIQUES

Mes genoux fléchiront, je veux croire et j'espère.
A. DE MUSSET.

Au pied de leurs grands murs, meurent les bruits du monde.
Les chimères en haut grimacent à la ronde ;
Aux vitraux, le soleil allume un reflet d'or,
Et l'action du temps semble embellir encor
Ces colosses de pierre aux flèches renommées.
Devant ces monuments, qui d'entre nous, pygmées,
N'a senti son cœur battre au moment de franchir
Leurs degrés solennels pleins de lumière et d'ombre,
Leurs portails en ogive, à l'aspect noble et sombre,
Où les siècles ont vu tant de genoux fléchir ?
Aux rêves du passé notre âme s'abandonne,
Quand le pauvre du porche a reçu notre aumône
Et que, dans le lieu saint, pensifs, nous pénétrons :
C'est l'heure du silence en la demeure austère ;

L'orgue est muet; au loin, la nef est solitaire;
Le moyen âge est là qui plane sur nos fronts.
Séculaires témoins à l'éloquent langage,
Combien vous attestez, temples prodigieux,
La puissance et la foi, magnifique apanage
De ces hommes de fer qui furent nos aïeux !
« Je crois! » disait l'artiste : aussitôt les obstacles,
Quand l'éclair du génie en ses yeux avait lui,
Tombaient — et sa pensée enfantant des miracles,
En lettres de granit s'écrivait devant lui !
Dans ces piliers géants, dans ces voûtes hardies,
Que de force imposante et que de majesté;
C'est bien le lieu sacré des saintes mélodies,
Où l'homme prie et songe à l'immortalité.
Ces pierres parlent. — Oui, ces saints et ces apôtres
Rigidement couchés dans l'éternel sommeil,
Ou debout, subjuguant quelque auguste conseil,
Ressuscitent des temps qui font pâlir les nôtres!
Devant ces crucifix, ces autels, ces tombeaux,
Plein d'un trouble secret, le visiteur s'arrête,
Sentant naître et frémir dans son âme inquiète
Des échos plus vibrants et des élans plus beaux.
Ses genoux fléchissants viennent heurter la dalle,
Sous un poids invisible il demeure abîmé,
Mais il lève la tête et, dans la cathédrale,
Promène son regard, de flammes animé.

Il respire dans l'air une ardente énergie
Qui semble soulever sa poitrine élargie ;
Car, du foyer divin où s'échauffe son cœur,
Du feu vivifiant dont la force l'écrase,
Une seule étincelle est en lui qui l'embrase
Et lui fait contempler ce bas monde en vainqueur.
Il comprend les martyrs ; devant lui s'échelonne
La chaîne des héros dans la brume des temps,
Et, par le rêve, il vit, pendant quelques instants,
De cette grande vie où le passé rayonne...
Mortels contemporains de ces sombres arceaux,
Rois, moines, troubadours, pèlerins, châtelaines,
Vilains et chevaliers, pages et capitaines,
Levez-vous ! Levez-vous, suzerains et vassaux !
Venez entendre ici la voix qui persuade
Et met l'enthousiasme en vos cœurs qu'elle émeut ;
Venez, comme autrefois au temps de la croisade,
Faire vibrer ces murs au cri de « Dieu le veut ! »
Ou, courbant humblement votre haute stature,
Venez, le cierge en main et pieds nus, accomplir
Le serment solennel fait par vous au sortir
De quelque gigantesque et terrible aventure.
Bien robuste est la foi dans tous vos cœurs ardents !
Comme ils devaient aimer, haïr, battre plus vite,
Que ceux en qui la froide indifférence habite,
Que ceux qu'ont hérités vos pâles descendants !

Ah ! laissez-moi penser qu'en ces temps d'héroïsme,
Croire et se dévouer étaient choses d'honneur ;
Que, sur l'humanité, le hideux Égoïsme
Ne rampait pas encor comme un cancer rongeur ;
Que le preux qui tombait, mourant, en Terre-Sainte,
Fixait sur l'autre vie un regard ébloui ;
Que les jeunes époux, dans la gothique enceinte,
Avaient aussi la foi, quand ils répondaient : oui !...
Ne vous effacez pas, belles pages d'histoire,
Parlez-nous du Passé qui vous a fait surgir,
Car, du génie ardent dont vous êtes la gloire,
Le siècle, à chaque pas, voit la source tarir.
Pour traduire sa vie et sa pensée intime,
L'homme n'élève plus de clochers sous les cieux ;
L'art gothique mourut avec son but sublime,
Quand Gutenberg eut dit son secret précieux.
La pensée aujourd'hui, comme un fleuve qui gronde,
Parcourt en grossissant la surface du monde,
Entraînant dans ses flots la Vérité, l'Erreur —
Ces deux courants s'y font des guerres acharnées,
Et, dans ce grand conflit, les âmes étonnées
Défaillent sous l'effort du Doute envahisseur...
Croyances des aïeux, allez-vous disparaître ?
L'esprit, à la matière est-il enfin soumis ?
Et, toujours dans nos mains pressant nos fronts blêmis,
Ne sortirons-nous pas du désolant « Peut-être...? »

Enfants du siècle, vous qui donnez aux Hasards,
Pour compagne et pour sœur, l'antique Providence,
Il est encore au monde au moins une puissance
Que vous reconnaissez : vous croyez aux Beaux-Arts !
Toi donc, leur reine à tous, viens à nous, Poésie :
Tu n'es qu'un chant d'amour que la Religion
Enfanta dans l'Éden — et c'est toi qu'a choisie
Pour suprême ornement la sévère Raison.
Rallie autour du Beau les âmes égarées —
Ainsi que Rébecca fit pour Éliézer,
Viens présenter ton urne aux lèvres altérées
Par les âcres saveurs du scepticisme amer.
Viens, avec tes élans, tes extases sereines ;
Viens, pensive, écouter dans les douleurs humaines
L'hymne mystérieux et poignant des sanglots,
Pour le rendre à nos cœurs en éloquents échos.
Viens nous parler d'honneur, de devoir, d'espérance ;
Règne par la beauté, gouverne par l'amour —
Et si l'enthousiasme allait s'éteindre en France,
Trouve un chant inspiré qui le rallume un jour !
Redonne, en prodiguant les chansons, les cantiques,
L'auréole à la Gloire et la force au Remords ;
Et souvent, prosternée au fond des basiliques,
Pour parler aux vivants, interroge les morts !

VISION

L'homme est un apprenti, la douleur est son maître
A. DE MUSSET.

Je voyais dans mon rêve une large vallée
Sous un soleil couchant d'un aspect enchanteur ;
C'était l'heure charmante et de brume voilée
Qu'aime le rossignol et qu'attend le rêveur.
Au pied des coteaux verts, ondulant sous les brises,
Un fleuve enflait ses flots avec des bruits de voix,
Et, des sommets voisins aux silhouettes grises
Descendait une route à travers un grand bois.
La route s'allongeait en pente sinueuse ;
Chênes et peupliers bruissaient sur ses bords ;
Les rossignols, au sein de la forêt ombreuse,
Chantaient la fin du jour de leurs plus doux accords.

Un cavalier suivait le chemin solitaire ;
Il avait, un instant, mis son cheval au pas
Pour écouter, ravi, la mélodie altière
Des sauvages chanteurs qui ne se lassaient pas.
Les cri-cris tapageurs, parmi les herbes folles,
Faisaient dresser l'oreille au superbe coursier ;
Le cavalier, rêveur, fouettait ses bottes molles
Du bout de sa cravache au lourd pommeau d'acier.
Enfin le bruit du vent qui froissait la ramure
Vint seul troubler l'écho du bois silencieux,
Et le beau voyageur enleva sa monture,
Maîtrisant son galop sous ses genoux nerveux.

Il allait, incliné dans sa fière élégance,
L'opulente jeunesse éclatait sur son front ;
Son œil était brillant et dévorait d'avance
Le lointain de la route où s'encadrait un pont.
Mais, au sortir du bois, à l'aspect du rivage,
Cheval et cavalier s'arrêtèrent soudain :
L'homme ébloui, devant l'imposant paysage,
L'animal frémissant, rassemblé sous le frein.
Des collines au loin le vaste amphithéâtre
Étageant ses hameaux, ses prés, ses champs de blés,
Plongeait son faîte brun dans le grand ciel bleuâtre
Où des nuages d'or étaient amoncelés.
Le fleuve étincelait entre ses rives vertes

Sous les derniers rayons empourprant l'horizon ;
On voyait l'épervier de ses ailes ouvertes
Effleurer en criant la vague et le gazon.
Dans ses replis lointains l'onde encore entrevue
Ceignait d'éclairs changeants la base des coteaux,
Et l'œil charmé pouvait suivre à perte de vue
Les ondulations lumineuses des eaux...

La nuit venait. — Bientôt la rive devint sombre.
L'homme mit pied à terre, attacha son cheval
Aux racines d'un chêne, et s'éloigna dans l'ombre,
Du côté du pont noir où brillait un fanal.
L'inconnu s'approcha de la berge tranquille ;
Une barque était là, cachée au sein des joncs ;
Il sauta dans l'esquif, puis d'une main agile
Le détacha du bord et prit les avirons.

Dans les cieux scintillaient les premières étoiles,
La nacelle glissait sans bruit près des roseaux,
Et, comme une baigneuse écartant ses longs voiles,
La reine de la nuit se mirait dans les eaux.
Une île, beau navire à la proue ondoyante,
Sous ses grands peupliers, comme un brick sous ses mâts,
Laissait flotter sa robe épaisse et verdoyante
Sur le fleuve amoureux qui lui parlait tout bas.

Perdu sous le feuillage, un pavillon gothique,
Etendant sur les flots l'appui de son balcon,
Offrait ses nobles murs au lierre poétique
Qui, sur chaque sculpture, avait mis un feston.
Sur ses riches faisceaux de frêles colonnettes
On voyait se dresser le gracieux castel ;
Chaque rideau voilant ses ogives muettes
Semblait clore une porte ouverte sur le ciel !

Cet Éden enchanté, plein d'élégant mystère,
Je ne saurais dire où la main de Dieu l'a mis,
Mais je crois cependant qu'il existe sur terre :
En faire la conquête à tout homme est permis !

La barque en ce moment approchait, plus rapide ;
Elle semblait voler sous l'effort du rameur ;
Bientôt son avant fit crier le sable humide :
Elle avait abordé dans l'île du Bonheur.
Le jeune homme, aspirant le doux parfum des roses
Dans la brise de nuit, s'arrêtait, frémissant ;
Il dévorait des yeux les fenêtres mi-closes
En appuyant la main sur son cœur bondissant.
Soudain un bruit léger comme un frôlement d'aile
Vint faire murmurer le zéphyr endormi...
L'heureux mortel pâlit de bonheur : c'était Elle !
Qui, tremblante, au balcon se penchait à demi.

Elle, la femme aimée ; elle, la souveraine,
Seule cause et seul but des élans de ce cœur
Qui battait à ses pieds et contenait à peine
L'hosannah délirant né de l'amour vainqueur.
C'était elle par qui cet homme, heureux du monde,
De ses biens, apprenait à connaître le prix,
Et voyait se parer la nature féconde
D'un charme saisissant jusqu'alors incompris ;
Elle qu'il contemplait dans l'or des paysages ;
Qui le rendait hardi, poète et généreux ;
Qu'il écoutait, lorsque les rossignols sauvages
Le retenaient au bord des bois harmonieux...
Combien de fois déjà la flore printanière
Était-elle venue, en mai, la parfumer ?
Je ne sais... son front pur rayonnait de lumière...
O nature ! elle avait l'âge où l'on doit aimer !
Sur son frais piédestal, saluez mon idole,
O vous tous, dont le cœur brûla du feu divin ;
De toutes les beautés donnez-lui l'auréole :
Mieux que moi vous créerez, et je peindrais en vain.
La ferez-vous sortir, perle aphrodisienne,
De l'écume dorée aux rayons de Phébus ?
Irez-vous évoquer la volupté païenne,
L'irritante lueur des yeux verts de Vénus ?
Sera-ce une Madone au front couvert d'un voile
Devant qui votre main fera fumer l'encens ?

Rêveurs, l'aimerez-vous, de loin, comme une étoile ?
Vous consumerez-vous en transports impuissants ?
Est-ce toi, Magdeleine, ô belle pardonnée,
Que l'on verra surgir en tunique de lin,
Sous tes cheveux flottants, toujours passionnée,
Élevant vers le ciel les vœux d'un cœur trop plein ?
La caresseras-tu, doux sable de mon île,
Comme tu la berças, lac de Génésareth,
Avant que n'eût coulé, parmi ses larmes, l'huile
Qui devait parfumer Jésus de Nazareth ?...
Venez, Dante s'approche, ombre de Béatrice,
Rougissez, chaste Laure, en lisant vos sonnets ;
Je suis homme ; une femme ici fut ma nourrice ;
Amour, tu m'éblouis, je m'éveille, je nais !
C'est toi qui fais trouver, en leur âme ravie,
A ces deux inconnus dans une île arrêtés,
De ces nobles pensers qui font aimer la vie
Et, dans l'oubli de soi, qui sont tous enfantés !...
De poésie humaine étreinte, environnée,
Elle écoutait de loin ; Lui, parlait à genoux ;
Dans leurs yeux se lisait l'attente couronnée ;
Le bonheur était là, fidèle au rendez-vous.

Cependant, sur le bord de la rive opposée,
Tel qu'un fauve aux aguets, était un être humain.

Farouche, il attendait... les pieds dans la rosée,
Courbé sur un poignard où se crispait sa main.
La jalousie amère et la haine vivace
Se partageaient son cœur par la douleur broyé ;
Il avait, sous un air d'orgueil et de menace,
La sinistre beauté d'un ange foudroyé.
C'est qu'un feu dévorant consumait sa poitrine
Pendant qu'il contemplait de loin le paradis,
Et la brise du soir qui gonflait sa narine
Recueillait en passant mille serments maudits.
Soudain sa face pâle apparut, plus livide,
Dans ses yeux flamboya la flamme de l'enfer,
Et de son bras armé s'agitant dans le vide
On l'eût vu menacer le ciel avec son fer.
Il bondit dans le fleuve avec un cri sauvage,
Plongea, puis reparut au loin d'un seul effort,
Et plein d'une vigueur que décuplait sa rage,
A travers le courant, nagea vers l'autre bord.
Il aborda dans l'île où l'épaisse pelouse
Reçut son corps fangeux, haletant, déchiré,
Que secouaient la haine et la fureur jalouse,
Qu'insultait le bonheur d'un rival exécré.
Les heureux échangeaient d'enivrantes paroles,
Ils croyaient au bonheur, ils parlaient d'avenir,
Jusqu'au ciel s'élevaient leurs espérances folles :
Et la mort les guettait, prête à les désunir.

9.

Évanouissez-vous, ô nocturne harmonie !
Quel est ce cri de femme unique et déchirant ?...
Place au mal : en ces lieux commence une agonie,
Le vent qui passe emporte un râle de mourant.
Et de ceux qu'agitait la passion superbe
Il ne reste, à la fin de mon rêve qui fuit,
Qu'une femme éplorée, un cadavre dans l'herbe,
Un pâle meurtrier que le remords poursuit.

. . . .

. . . .

Combien vous passez vite, ivresses de la terre ;
Que de pleurs le destin nous coûte à chaque pas ;
Comme, au souffle du mal, notre bonheur s'altère,
Et combien le malheur est durable ici-bas !
Pour vous réaliser, espérances humaines,
Le monde remué s'épuiserait en vain :
Désirs géants, parqués dans nos étroites plaines,
La terre se refuse à votre essor divin.
Ta vie, homme, s'enfuit, rapide comme une onde ;
Travaille à l'ennoblir avant de la quitter :
Le plaisir est stérile, et la douleur, féconde ;
Sous ce maître cruel, apprends, sans t'irriter.
Lorsque ton âme en deuil pleure de chers fantômes,
Écoute tes sanglots déchirer ses parois,
Et songe qu'épurée, elle aura pour royaumes
La patrie infinie et des gueux et des rois.

Oui, dans mon cœur palpite une immense espérance ;
Je me souviens d'un ciel où j'entrevois le port ;
J'épèlerai la vie au sein de la souffrance,
Mais j'atteindrai l'amour au delà de la mort !

A PROPOS D'UN HANNETON

A MON AMI LAMBERT BORDES

Labor improbus omnia vincit.

C'était au fond d'un parc, sous des tilleuls antiques,
Par une après-midi des premiers jours d'été,
Les arbres écimés formaient de verts portiques
Sous lesquels sommeillait une molle clarté.

Les rayons du soleil tamisés par les branches
Laissaient des reflets d'or au feuillage changeant,
Et jonchaient le sol brun de mille taches blanches
Qu'on eût prises de loin pour des pièces d'argent.

Partout, du haut taillis à l'épaisse pelouse
Un monde merveilleux rampait, volait, vivait,
Bourdonnant et chantant, et, dans l'ombre jalouse,
La Rêverie, assise en silence, observait.

Abeilles de topaze et mouches d'émeraude,
Grillons, sombres fourmis, insectes de corail,
Fauvettes au doux chant, papillons en maraude,
Tout murmurait : amour, et répétait : travail !

— A moi, disait l'abeille, et l'air et la lumière,
Les butins odorants, fruits des labeurs sacrés,
Les sonores combats pleins d'ivresse guerrière
Sur les roses de pourpre, autour des lis nacrés.

— Hâtons-nous, s'écriait la fourmi courageuse
Sur le bord d'un étang fait de trois gouttes d'eau ;
Faisons un pilotis sur cette eau dangereuse,
Que chacune de nous apporte son fardeau.

Notre route est barrée, attaquons les obstacles ;
Là-bas, s'étend la plaine où gisent nos moissons ;
Sous les yeux des vieillards, nos juges, nos oracles,
Nous, les jeunes, debout ! le temps presse, agissons.

Pour l'œuvre du salut de notre république,
Il faut que la plus faible apporte son fétu ;
Point de paresse ici, point de conduite oblique,
En avant : le travail est la grande vertu !

— Au-dessus des fourmis, du silence et de l'ombre,
Élevant dans les airs son faîte rajeuni,
L'arbre majestueux aux rejetons sans nombre
Disait au ciel : salut ! à l'homme : sois béni !

Par tes soins éclairés une onde salutaire
Me pénètre, et la sève à flots me monte au cœur ;
Viens, cette eau que ton bras lassé donne à la terre,
L'arbre va te la rendre en air pur, en fraîcheur.

Viens, si tu veux rêver ; viens, si ton âme est pleine,
Graver sur mon écorce un nom, discret aveu
Que les oiseaux des bois et les vents de la plaine
Viendront me demander pour le redire à Dieu !

Ah ! si tu pleures, viens : je connais la souffrance ;
Tu me vois resplendir au soleil maintenant,
Mais je fus flagellé par la rafale immense,
Et la foudre tomba sur mon front rayonnant.

Ma présente splendeur est faite de ruines,
J'ai passé des hivers à me désespérer,
Mille ennemis rampants me rongent les racines,
Mais je suis fort : ami, sur mon tronc viens pleurer.

— Pendant que j'écoutais les voix de la nature
Où dans chaque harmonie existe une leçon,
Tout à coup, près de moi, j'entendis un murmure,
Et vis s'agiter l'herbe à côté d'un buisson.

Un hanneton vivace, au sein des touffes drues,
Mal à l'aise, empêtré, voulait prendre son vol,
Et l'animal, heurté par les tiges bourrues,
L'aile ouverte, étourdi, retombait sur le sol.

Il remontait pourtant le long de l'herbe grêle,
Travaillant sans relâche et sans se rebuter,
Mais, sous l'ardent grimpeur, le point d'appui trop frêle
Ployait, et dans l'ornière allait le rejeter.

Enfin il se rencontre une tige plus forte
Qui sur le gazon vert se dressait fièrement ;
Le hanneton l'étreint, la tige le supporte,
Il monte, il monte, il touche au faîte en un moment.

Alors se sentant loin des entraves cruelles,
Le lutteur triomphant semble se recueillir;
Il dresse son aigrette, il ouvre au vent ses ailes,
Et prend la liberté qu'il a su conquérir !

Ainsi vous qui luttez parmi la foule humaine,
Qui prétendez vous faire une place au soleil,
Dans l'ornière longtemps le destin vous enchaîne,
Brisés par les efforts et les nuits sans sommeil.

Mais l'Idéal échappe aux entraves mortelles ;
Si vous avez la foi, vous persévérerez ;
Luttez, montez, ô vous qui vous sentez des ailes,
Jusqu'en haut du calvaire où vous les ouvrirez !

LES

EXTRÊMES SE TOUCHENT

PROVERBE EN UN ACTE

PERSONNAGES

STÉPHANE, 28 ans.
CHRISTIAN, 30 ans.
M. DE KERSAIN, 60 ans.
SUZANNE, 18 ans, } nièces de M. de Kersain.
BERTHE, 22 ans, }

LES
EXTRÊMES SE TOUCHENT

Une falaise en Bretagne. — A droite, une cabane de pêcheur.
Au loin la mer.

SCÈNE PREMIÈRE

STÉPHANE, seul.

(Il est en costume de voyage et contemple la mer, appuyé
contre un rocher.)

Que l'immensité est belle! comme elle vous attire.
Comme on se sent pris en sa présence du désir de s'y
perdre pour la posséder. Quel horizon! Les nuages,
là-bas, semblent descendre... Leurs flocons bleus et
transparents glissent sur l'écume des flots comme une
flotte fantastique. Voilà bien le domaine d'Ossian...
Voilà les proues des navires chargés de guerriers qui
s'appellent et se défient. Voilà l'île des brouillards où

la vierge attentive épie le retour de son fiancé. Appuyée contre un rocher, elle prête l'oreille aux brises de l'Océan qui viennent se jouer dans sa chevelure... Quand je pense qu'il existe en ce monde une femme, une jeune fille, plus belle que tous les blonds fantômes des Ballades, et qu'elle pourrait être aussi ma fiancée!... Mais il ne suffit plus maintenant, pour conquérir une fille d'Ève, de rompre des lances en son honneur, il faut combattre et vaincre l'hydre de la Médiocrité; et comme à cette lutte se passe la moitié de l'existence, pendant ce temps les vierges deviennent mères de famille... Allons, le bonheur se sera laissé entrevoir un instant pour moi, uniquement pour me prouver que la Réalité peut faire pâlir les rèves les plus séduisants. Puisque la seule femme qui m'ait encore inspiré le désir de me mettre à ses pieds ne peut m'appartenir, à moi l'espace, l'horizon, l'inconnu!...

(En disant ces derniers mots, il étend le bras vers la mer.)

SCÈNE II

STÉPHANE, CHRISTIAN.

CHRISTIAN, en élégante toilette de bains de mer. Il s'est approché
sans bruit et contemple en souriant depuis quelques instants Stéphane
absorbé dans sa rêverie.

Oui, l'inconnu. Vive l'inconnu! O roi Arthur, in-
scris-moi sur ta table ronde comme ton 51e chevalier.
Je fais vœu de chasteté; je jure de poursuivre l'Inconnu par toute la terre, sans trêve ni merci, et de le
ramener mort ou vif. Qu'on m'amène mon destrier...
Ah! ah! ah! toujours le même!

STÉPHANE.

Christian! ici?

CHRISTIAN, avec emphase.

Lui-même. Et comment se porte sa Haute-Rêverie
le Seigneur Stéphane?

STÉPHANE.

Comme un corps sans âme, Christian. Ainsi, épar-
gne-moi tes railleries.

CHRISTIAN.

C'est donc sérieux? Je croyais, moi, cher poète, à une nouvelle boutade de ta muse. Est-ce que le drame serait entré enfin dans ta vie?

STÉPHANE.

Peut-être!...

CHRISTIAN.

Alors il faut veiller au dénouement.

STÉPHANE.

Il faut l'accepter tel que le destin nous l'offre.

CHRISTIAN.

Non pas, morbleu! il faut s'en rendre maître et le diriger.

STÉPHANE.

Vaine prétention!

CHRISTIAN.

Toi... tu ressembles fort à un joueur décavé ou à un amant méconnu, et comme tu n'as pas la passion du jeu, que je sache, c'est la seconde hypothèse qui est la vraie. D'ailleurs, il en devait être ainsi. Tu aurais été bien fâché que ton premier amour ne fût pas malheureux au début... Qu'aurais-tu fait sans cela de ta chère mélancolie?

STÉPHANE.

Il ne s'agit plus pour moi de mélancolie, mais de souffrance.

CHRISTIAN.

Mon cher, quand l'amour nous a fait sa première visite, il règne toujours un grand désordre au logis. — C'est alors que l'amitié délaissée reprend ses droits. — Voyons, que t'est-il arrivé? As-tu besoin d'un allié, d'un confident, d'un ambassadeur? Parle, je suis là!

STÉPHANE.

Tu es bien le meilleur des fous.

CHRISTIAN.

Et tu dois être le moins pratique des amoureux... Mais me diras-tu comment il se fait, qu'après t'avoir laissé à Paris, il y a un mois, refusant obstinément de perdre de vue les marronniers des Tuileries, je te retrouve ce matin sur cette côte bretonne, tendant les bras vers l'horizon?

STÉPHANE.

Je rends grâce au hasard qui m'a fait te rencontrer ici, mon cher Christian, j'aurai la consolation de serrer la main de mon meilleur ami avant de partir.

CHRISTIAN,

Partir! Tu quittes la France?

STÉPHANE.

Oui. Il s'est produit un grand événement dans ma vie... Puisque tu désires le connaître, assieds-toi là un instant sur cette roche et écoute-moi sérieusement... si tu en es capable...

CHRISTIAN.

Tu en doutes?

STÉPHANE.

Un peu... N'est-on pas bien ici pour entendre les confidences d'un ami?

CHRISTIAN.

Si, si, si... Ce diable de Stéphane, il a une manière de vous dire ça... On croirait toujours un héros de roman qui parle... Nous sommes en plein poème... Je me fais penser à Chactas écoutant le frère d'Amélie.

STÉPHANE.

Je vous jure que c'est sérieux...

CHRISTIAN, s'asseyant. Avec onction.

Je vous écoute, mon fils. (Mouvement d'impatience de Stéphane.) Mon ami, je suis grave comme un juré.

STÉPHANE, après un moment de silence.

Christian!... elle existe!... mes yeux l'ont vue... Elle m'a effleuré... Je l'ai reconnue!

CHRISTIAN.

Qui ça?

STÉPHANE.

Elle! la femme que j'attendais... qui a été créée comme le complément de mon être... de l'existence de laquelle j'avais conscience... dont l'image était en moi... que je cherchais sans savoir quand je la rencontrerais... La seule femme, enfin, que je pouvais aimer ici-bas!

CHRISTIAN.

Je le disais bien. Tu es tout simplement amoureux fou.

STÉPHANE.

Oh! mon ami, ce mot, dans ta bouche surtout, ne donne aucune idée du sentiment que j'éprouve.

CHRISTIAN.

Merci!

STÉPHANE.

Lorsqu'elle m'apparut, j'eus un éblouissement. Il me sembla qu'une transformation s'opérait en moi; que de nouvelles puissances venaient d'y naître sous son regard. Je me sentis délicieusement et irrésistiblement attiré; pris tout entier par le cœur, par l'esprit, par les sens!

CHRISTIAN.

Je connais ça !

STÉPHANE.

Oh ! jamais de ta vie tu n'as été pris comme ça.

CHRISTIAN.

Ah ! mon ami, permets... permets... Qu'en sais-tu ?

STÉPHANE.

La vie est pour toi comme un livre doré, avec une gravure presque à chaque feuillet. Tu n'en lis pas les pages, tu les parcours et te hâtes de les tourner pour arriver plus vite à une nouvelle image. C'est à peine si, de temps en temps, un passage te fait assez d'impression pour que tu y mettes un signet, gage de retour.

CHRISTIAN.

Je fais de l'éclectisme en tout, même en amour. Au lieu de perdre mon temps à attendre une femme imaginaire et parfaite, je la prends en détail partout où je la trouve... quitte à la reconstituer plus tard en imagination. La moindre parcelle de diamant n'en est pas moins du diamant ; l'étincelle est toujours du feu. N'as-tu donc jamais rencontré sur ton chemin de femmes belles, spirituelles ou sympathiques ?

STÉPHANE.

Si.

CHRISTIAN.

Eh bien?

STÉPHANE.

Eh bien, j'ai eu pour elles de l'admiration, du respect ou de l'amitié.

CHRISTIAN.

Sophismes que tout cela! Soyez donc l'ami d'une coupe de vin généreux que vous voyez toute rutilante aux feux des lustres! Si vous vous contentez d'en admirer l'éclat et d'en respirer le bouquet, c'est que vous êtes repu ou malade. Mais si vous n'êtes assis que depuis peu au banquet humain, si la vie circule dans vos veines, si votre prunelle sait encore refléter les lueurs du désir, vous ne l'admirez pas, vous la buvez!

STÉPHANE.

Eh bien! Après?

CHRISTIAN.

Comment, après? Mais on est heureux!

STÉPHANE.

On est ivre. On n'est pas heureux tant qu'on méconnaît la plus noble partie de soi-même. Il faut, pour être heureux, que l'âme puisse s'épanouir, sereine, après le triomphe des sens. Il faut que, dans la femme aimée, les reflets de cette âme vous attirent invinciblement. Vous marchez alors vers cette lumière, à travers ce corps dont tu fais ton idole, toi, et **qui** n'est que le charmant labyrinthe où la volupté vous attend dans quelque mystérieux méandre, mais s'évanouit bientôt pour vous laisser pénétrer au foyer de l'être. C'est là que le bonheur se cache dans la communion complète.

CHRISTIAN.

O le plus mystique des amoureux ! Tu m'as tout l'air du chien de la Fable qui lâche la proie pour l'ombre.

STÉPHANE.

Tu éparpilles ta vie. Je concentre la mienne. Quand tu rencontreras la femme que tu dois aimer, (car ce jour viendra pour toi aussi, sois-en sûr) celle à qui seule appartient le secret de faire vibrer en toi certaines cordes encore muettes, qu'auras-tu à lui offrir ?... Les débris d'un festin !

CHRISTIAN.

Ah! pardon, on remettra le couvert.

STÉPHANE.

Épicurien !

CHRISTIAN.

Enfin, cher Platon, tu as déniché l'oiseau bleu de tes rêves. Mais il me semble que tout à l'heure tu te posais en malheureux partant pour l'exil ?

STÉPHANE.

Mes yeux ravis ont vu passer en effet le bel oiseau
qui m'était destiné, mais je n'étais pas prêt à le saisir.
Il m'échappe. Ma vie est manquée maintenant ; j'é-
touffe ici. Il me faut l'océan pour respirer.

CHRISTIAN.

Je ne comprends pas très bien ton langage figuré.

STÉPHANE.

J'ai rencontré mon idéal. Mais l'adorable fille qui
le réalise habite une sphère brillante où je n'ai pu
encore pénétrer. Nos routes se côtoient un instant
sans se confondre... Un ruisseau d'or les sépare.
Cependant, jamais je ne pourrai oublier cette femme,
et, pour me soustraire au supplice de la voir aux
bras d'un autre, je pars. Je vais tâcher de dépenser à
quelque chose d'utile une vie qui n'a plus de raison
d'être.

CHRISTIAN.

Diable! Et où vas-tu?

STÉPHANE.

Rejoindre l'expédition du capitaine Stanley au
centre de l'Afrique.

CHRISTIAN.

Rien que ça! je ne te savais pas un tel amour pour
la géographie.

STÉPHANE, tristement.

Ni moi non plus.

CHRISTIAN.

Diable! Diable!... Mais comment se fait-il que ton idéal t'ait méconnu? Car enfin, dans ta théorie de la prédestination de l'amour, la réciproque devrait être vraie et l'attraction se produire des deux côtés.

STÉPHANE.

C'est une jeune fille encore inconsciente, qui certainement n'a pas eu le loisir de s'étudier elle-même et de se rendre compte de ses impressions.

CHRISTIAN.

Ainsi, elle n'a pas ressenti, Elle, en ta présence, « cet éblouissement, cette transformation, ces nouvelles puissances... » Comment as-tu dit cela tout à l'heure? (Stéphane fait signe que non d'un air abattu.) Ainsi, elle t'a repoussé?

STÉPHANE, vivement.

Oh! je ne l'ai pas mise dans ce cas.

CHRISTIAN.

Comment! tu ne lui as donc pas parlé?

STÉPHANE.

J'ai vécu dans son ombre depuis un mois: à

l'église, au théâtre, à la promenade, autour de sa demeure...

CHRISTIAN.

Alors vous vous regardiez tout deux comme les croissants d'une parenthèse vide attendant le mot... Amour !

STÉPHANE.

Depuis l'instant où nos yeux se sont rencontrés pour la première fois, elle n'a jamais tourné les siens de mon côté.

CHRISTIAN.

Du tout, du tout, du tout? (Stéphane fait signe que non.) Ah ! je respire !...

STÉPHANE.

Hein?

CHRISTIAN.

La partie n'est pas perdue !

STÉPHANE.

Que dis-tu?

CHRISTIAN.

Comment, philosophe naïf, tu te figures qu'une jeune fille a besoin d'avoir fait de grandes études psychologiques pour sentir frissonner comme une aile, dans l'air qu'elle respire, la pensée ardente d'un homme qui l'aime; pour se sentir elle-même enveloppée d'effluves magnétiques. Tu te figures que, parce qu'elle ne le regarde pas, cet amoureux, elle ne le voit pas? Mais, homme éthéré que tu es, je parierais ma folie contre ta sagesse que ton innocente connaît mieux que personne la nuance de tes moustaches et que, si elle sait dessiner, elle pourrait faire ton portrait de mémoire!

STÉPHANE.

Tu plaisantes!...

CHRISTIAN.

Non pas... et sa mère?

STÉPHANE.

Elle est orpheline et vit avec une amie ou une parente un peu plus âgée qu'elle, qui ne la quitte pas, et un vieil oncle qui leur sert de père.

CHRISTIAN.

Tiens! Et l'amie est jolie?...

STÉPHANE.

Plus que jolie... belle, presque sévère : une Minerve antique descendue de son piédestal.

CHRISTIAN.

Tiens... Tiens... Brune?

STÉPHANE.

Oui... mais que t'importe?

CHRISTIAN.

Tu vas le savoir. Et l'Autre, l'Idéal ?

STÉPHANE.

Elle ! Ah ! Elle ne ressemble à rien, ou plutôt rien ne peut lui être comparé... C'est elle, voilà tout.

CHRISTIAN.

Mais elle a des cheveux et des yeux, je suppose. Dis-moi donc, en langage vulgaire, si elle est brune ou blonde.

STÉPHANE.

Tu la trouverais blonde avec des yeux noirs. Mais sa chevelure opulente est d'une nuance indéfinissable. En fermant les yeux, j'en vois les lourdes nattes se dérouler, l'envelopper tout entière et je frissonne de la tête aux pieds à la seule pensée de plonger ma main dans ces ondes chatoyantes.

CHRISTIAN, d'un petit air approbateur.

Ah ! ah ! je comprends ça !

STÉPHANE.

Quant au reste, de la flamme sous du satin.

CHRISTIAN, frappant dans ses mains.

C'est bien elle !

STÉPHANE.

Tu la connais ?

11

CHRISTIAN.

Parbleu ! si je la connais ! Peste ! mon cher, ton goût n'est pas mauvais, et je le partage si bien que ton idéal est aussi le mien, pour le moment. Tu aimes mademoiselle Suzanne de Kersain et je suis ton rival !

STÉPHANE.

Mon rival ! toi, Christian ?

CHRISTIAN.

Eh bien ! pourquoi ne serais-je pas ton rival ?

STÉPHANE.

Mais tu ne m'avais pas dit que tu fusses amoureux.

CHRISTIAN.

Je le suis toujours.

STÉPHANE.

D'ailleurs ce n'est pas possible, tu ne peux pas l'aimer comme moi.

CHRISTIAN.

Ah ! comme toi... je n'ai pas cette prétention. Il est convenu que je « *m'éparpille* » et que tu te « *concentres* ». Mais enfin, si imparfaitement que ce soit, je t'assure que je l'aime.

STÉPHANE.

Depuis quand ?

CHRISTIAN.

Eh ! le temps ne fait rien à l'affaire. J'étais, depuis huit jours, dans la plus grande perplexité, ne sachant pas au juste qui j'aimais de Suzanne ou de... Minerve, tout en étant certain d'en aimer une des deux. Tu viens de me tirer d'une indécision, qui n'était pas sans charme. Mon amour ne s'est fixé que depuis cinq minutes, mais je sens qu'il a fait des progrès... ah ! des progrès... Je ne m'étonne plus que nous nous soyons rencontrés sur cette falaise. C'est la promenade favorite de la dame de nos pensées ; nous pourrions retrouver encore ici la trace de ses petits pieds...

STÉPHANE.

Tu te trompes, c'est son amie que tu aimes, la jeune fille brune.

CHRISTIAN.

D'abord, ce n'est pas une jeune fille. C'est une jeune femme, veuve et cousine de mademoiselle de Kersain.

STÉPHANE.

Veuve ! Mais Suzanne n'a guère que dix-huit ans, et sa cousine paraît à peine de deux ou trois ans plus âgée.

CHRISTIAN.

Je le sais bien. Elle a vingt-deux ans et est veuve

depuis un an d'un vieux général qui aurait pu être son père... et qui n'a jamais été autre chose pour elle.

STÉPHANE, souriant.

Elle te l'a dit?

CHRISTIAN.

Oh !!! Il y a des convictions qui s'acquièrent sans preuves palpables. J'en mettrais ma main au feu. Il y a veuve et veuve. Celle-ci est une lettre à l'enveloppe satinée, que le Destin avait adressée à un homme pour qui la lecture était devenue une fatigue et qui n'avait plus de curiosité. La précieuse missive est restée là, gardant son secret parfumé sous son cachet intact.

STÉPHANE.

Profane! Comparer une femme à une lettre! L'une et l'autre ne t'inspirent-elles donc réellement que de la curiosité! Pauvre don Juan que tu es. Au milieu de tous ces effleurements où se passe ta vie, tu n'as jamais connu l'amour. Eh bien, c'est cette femme qui te le fera connaître, j'en suis sûr, car tu n'aimes pas Suzanne, je le sens. Je ne suis pas jaloux de toi !! C'est sa cousine que tu aimes!

CHRISTIAN.

Berthe? Ah ! c'est trop fort !

STÉPHANE.

Elle s'appelle Berthe?

CHRISTIAN.

Oui. Mais voudrais-tu me dire pourquoi j'aimerais
Berthe plutôt que l'autre ?

STÉPHANE.

Pourquoi ?... Parce qu'elle est brune et que tu es
blond. Qu'elle est rêveuse et mélancolique, et que tu
es pétulant et gai. Parce que son indulgente sagesse
attire ta folle insouciance et que l'amour vit de con-
trastes. Elle t'aimera, elle, parce qu'avec son merveilleux instinct de femme, elle a deviné que, sous
tes dehors sceptiques, se cache un cœur d'or, et que
tu ne cherches à t'étourdir toi-même que pour ne pas
entendre ce pauvre inassouvi. Elle t'aimera parce que
chaque fois qu'elle revient du pays des rêves, lorsque
son imagination lassée reploie ses ailes, sa langueur
distraite appelle tes vives initiatives, et, encore occu-
pée de quelque image confuse, elle a besoin qu'une
voix joyeuse et hardie, comme la tienne, vienne lui
murmurer à l'oreille le poème de la réalité !

CHRISTIAN.

Poésie à part, c'est tout simplement une partie
carrée que tu me proposes là.

STÉPHANE, protestant.

Oh !!!

CHRISTIAN.

Je te vois venir, beau masque. Pendant que je

chanterais le poème de la Réalité à l'oreille de la brune, tu ne serais pas fâché que la blonde vînt mettre fin à ta rêverie en chassant les ombres de ton front avec les ondes de sa chevelure...

STÉPHANE.

Tais-toi, Christian. Tu joues avec une douleur.

CHRISTIAN.

Pardon, mon ami, je suis incorrigible... Mais aussi tu n'es jamais dans un état naturel. Tu passes de l'enthousiasme au désespoir... Je perds la note, moi... Je ne suis pas habitué à cette gymnastique morale...

STÉPHANE.

Adieu, Christian. Songe à ce que je t'ai dit. J'ai toujours vu plus clair dans le cœur des autres que dans le mien. Ne méconnais pas le Bonheur, s'il passe à ta portée, et porte-lui mon salut lointain.

CHRISTIAN.

Le Bonheur est comme la Fortune. Il court après ceux qui renoncent à lui. Encore un mot, ami Stéphane. Quoi que tu puisses dire, je n'en suis pas moins ton rival. Or, tu ne peux fuir ainsi devant moi sans honte, et, chevalier discourtois, abandonner ta belle sans faire un suprême effort pour la conquérir. D'abord, qu'es-tu venu faire ici?

STÉPHANE.

La revoir une dernière fois avant de partir. Mais je n'en ai plus le courage. J'y renonce.

CHRISTIAN.

Point du tout. Je tiens, moi, pour la tranquillité de ma conscience, à ce que tu tentes cette épreuve. Songe que je suis maintenant dans une situation très délicate. En cherchant à faire agréer mes hommages, j'aurais l'air de trahir un ami absent... Tu me paralyses... Voici ce que je te propose : je te présenterai aujourd'hui à M. de Kersain qui me connaît depuis longtemps et qui, j'en suis sûr, ne manquera pas de me donner une nouvelle preuve de sa bienveillante amitié dans le bon accueil qu'il te fera. Nous combattrons alors à armes égales devant la belle Suzanne, et, dès qu'elle aura laissé voir sa préférence pour l'un de nous, le vaincu partira immédiatement pour l'Afrique d'où il ne devra revenir qu'après avoir fait deux ou trois fois le tour du lac Victoria et reconnu les sources du Nil ! Voilà.

STÉPHANE.

Éternel railleur...

CHRISTIAN.

Eh bien, cela te va-t-il ?

STÉPHANE.

Tu me tentes, généreux démon.

CHRISTIAN.

C'est convenu! Viens jusqu'aux récifs, là-bas. En revenant, nous pourrions bien rencontrer notre Idéal.

STÉPHANE.

Allons !

(Ils disparaissent à gauche.)

SCÈNE III

M. DE KERSAIN, SUZANNE, BERTHE.

M. DE KERSAIN, gravissant un talus à droite.

Ouf!

(Il se retourne pour offrir la main à ses nièces. Berthe la prend.
Suzanne s'élance vivement sans son aide.)

BERTHE.

Merci.

SUZANNE.

Oh! la belle vue qu'on a d'ici! Regarde donc, Berthe, comme la mer écume là-bas en se brisant sur les récifs. On dirait la mousse du vin de Champagne... (Berthe s'accoude contre un rocher et regarde la mer. Suzanne revient à son oncle qui s'essuie le front.) Aussi notre petit oncle est bien aimable d'avoir consenti à venir jusqu'ici... (Elle agite son éventail près du visage de son oncle.) Comme vous avez chaud!

M. DE KERSAIN.

Merci, mon enfant. C'est que ce diable de soleil se

lève de bonne heure maintenant. Je croyais arriver avant qu'il n'eût tourné la falaise. Eh ! eh ! le gaillard a marché plus vite que nous. La faute en est à cette petite paresseuse de Suzanne qui s'est levée tard ce matin.

SUZANNE

Oh ! quelle calomnie !

BERTHE, de loin.

N'accusez pas Suzanne, cher oncle, c'est moi qui suis la seule coupable.

(Suzanne se met à cueillir des bruyères et des fleurs sauvages.)

M. DE KERSAIN, à Berthe.

C'est bien, belle rêveuse. Pour votre punition, vous nous ferez entendre ce soir une fois de plus ma mélodie favorite. (Berthe fait gracieusement signe que oui.) Ah ! quand j'étais jeune, autrefois, je bravais le soleil, et les ascensions ne m'effrayaient pas.

SUZANNE, cueillant des bruyères.

Oui, nous savons, cher oncle, qu'autrefois vous étiez un grimpeur et un coureur émérite.

M. DE KERSAIN.

Hum !... Hum !... Il est certain que j'avais le jarret solide.

SUZANNE, montrant une falaise à pic.

Est-ce que vous auriez bien escaladé ça ?

M. DE KERSAIN, se détournant lentement pour voir ce qu'on
lui montre.

Oh ! certainement... (S'apercevant que Suzanne rit aux
éclats.) Ah ! friponne, je crois que vous vous moquez
de votre oncle...

SUZANNE, s'approchant et lui mettant quelques fleurs à sa
boutonnière.

Plaignez-vous donc ! (Puis elle court à Berthe, qui contemple
toujours la mer.) Hé bien, madame, que regardez-vous
donc là, toute seule ?

(Elles se prennent par la taille.)

BERTHE.

Vois-tu cette voile blanche, là-bas ?

SUZANNE.

Où donc ?

BERTHE.

Là-bas, tout là-bas, à l'horizon.

SUZANNE.

Ah ! mais c'est une mouette.

BERTHE.

Non, c'est une voile. Je l'ai vue quitter le rivage,
se gonfler sous la brise, passer rapide et coquette en
s'inclinant devant moi comme pour me saluer; puis
s'éloigner, diminuer, se perdre peu à peu dans le
lointain... Ah ! la voilà qui disparaît... rien... plus
rien... Il en est ainsi de nos rêves les plus chers.

Nous les voyons naître, ouvrir leurs ailes frémissantes, les agiter un instant devant nos yeux charmés, puis pâlir et s'évanouir dans le néant...

SUZANNE.

Ah ! ! ! en voilà de la mélancolie... Par un si beau soleil. Voulez-vous bien être gaie, méchante. (Elle l'embrasse.) Laisse-moi mettre cette bruyère dans tes cheveux. Là. Dieu, que tu es belle ! Et personne ici pour te le dire !...

BERTHE, rougissant.

Veux-tu te taire, folle !

SUZANNE.

Mon oncle, regardez donc comme Berthe est jolie !

BERTHE, jouant avec les cheveux de Suzanne.

Flatteuse !

M. DE KERSAIN, les regardant d'un air de complaisance, en prenant une prise.

Vous êtes ravissantes toutes les deux.

(Il s'approche de Berthe.)

SUZANNE.

Ah ! encore une barque... avec deux pêcheurs. Ils devraient chanter. On entendrait leurs voix d'ici... Cela me rappelle la romance du « Pêcheur » que tu chantais au couvent, — tu sais, Berthe. (Elle fredonne.) « O sainte Madone... » Décidément, cet endroit est très

joli. Si vous voulez, mon oncle, nous y ferons mettre
une madone, là, dans une niche, sur le mur de la
cabane. Ce sera un souvenir.

M. DE KERSAIN.

J'aimerais mieux y faire mettre un banc.

SUZANNE.

Ah ! vous me dépoétisez mon site. Ça aurait l'air
d'un square. Tenez, cher oncle, voilà un banc naturel bien plus joli. (Elle le conduit au rocher où était assis Stéphane.) Là... N'est-ce pas qu'on est bien ici ?

M. DE KERSAIN, assis.

Parfaitement. Je ne suis pas fâché de m'asseoir un
peu pour admirer plus à l'aise ce site, qui est en effet
très pittoresque.

(Il essuie les verres d'une lorgnette qu'il porte en sautoir.)

BERTHE, à Suzanne, qui l'a rejointe.

Comme la mer est calme au large. Il semble qu'on
y serait doucement bercée. Est-ce que tu aurais peur
d'aller en barque ?

SUZANNE.

Non pas... C'est une idée... Mon oncle, voulez-
vous que nous louions une barque de promenade ? La
mer est unie comme un lac...

M. DE KERSAIN, regardant dans sa lorgnette.

Une promenade en mer... hum, hum... Je vous

avoue que je ne serais pas sans inquiétude... sur les effets que... le roulis... Tiens ! qui est-ce qui vient donc là-bas, sur la route ?... Eh ! mais... je ne me trompe pas... C'est ce cher Christian...

SUZANNE.

M. Christian... Ah ! nous allons voir quelles nouvelles galanteries il aura à nous dire ce matin. C'est dommage qu'il n'ait jamais l'air sérieux. Ne trouves-tu pas, Berthe, qu'il est parfois... agaçant, avec ses compliments ?

BERTHE, souriant.

Mais, mon ange, il ne me fait pas trop de compliments, à moi.

SUZANNE.

Ah ! c'est que tu as l'air trop sévère. Tu lui imposes, et c'est moi qui essuie tout le feu. Mais tu peux bien prendre pour toi les trois quarts de ce qu'il me débite.

BERTHE.

Pourquoi cela, enfant que tu es ?

SUZANNE.

Que te dirais-je... C'est de l'intuition, — je le sens, voilà tout — et je ne prends pas plus au sérieux ce qu'il me dit, qu'il ne le prend lui-même. Aussi tu as vu, hier, comme je lui ai ri au nez quand il m'a dit :

(Imitant le ton de Christian.) « Quelle charmante druidesse
vous eussiez faite ; la belle Velléda elle-même eût
pâli devant vous ! » Ah ! ah ! ah ! ah !... Il faut
avouer qu'il ne s'est pas déconcerté pour cela.

BERTHE.

Que j'aime ta gaîté.

M. DE KERSAIN, regardant toujours dans sa lorgnette.

Oui, oui, oui... c'est bien notre jeune ami... Mais
qui donc est avec lui ?... Un nouvel arrivé, sans
doute... Connais pas du tout...

(Il renfonce les tubes de sa lorgnette.)

BERTHE, tendant la main vers la lorgnette.

Voulez-vous permettre ?...

(Elle regarde.)

M. DE KERSAIN.

Ils seront ici dans un quart d'heure. Nous revien-
drons ensemble. N'est-ce pas, Suzanne ?

SUZANNE.

Oh ! très volontiers, mon oncle.

BERTHE, après avoir regardé. Vivement, bas, à Suzanne.

Sais-tu qui est avec lui ?

SUZANNE.

Non.

BERTHE, souriant.

Tu ne devines pas ?

SUZANNE, rougissant.

Comment, est-ce que...

BERTHE.

Justement, ma chère, le jeune homme de Paris !

SUZANNE, frappant dans ses mains.

Eh bien, je l'attendais !

BERTHE.

Enfin, nous allons donc entendre le son de la voix de ce beau ténébreux.

SUZANNE, négligemment.

Il doit avoir une voix de baryton.

BERTHE.

Pourquoi cela ?

SUZANNE.

Parce qu'il est... grave. Tiens ! M. Christian a une voix de ténor... Vous pourriez faire des trios. Mon oncle serait ravi.

BERTHE.

Je crois plutôt, mademoiselle, que votre baryton, comme vous l'appelez, préférerait le plus petit duo avec vous.

SUZANNE.

Oh ! moi, je ne me risque pas encore...

BERTHE.

A propos, mignonne, pour te faire plaisir, j'ai fait
prendre des renseignements sur Lui par mon père
nourricier, le vieux Pierre.

SUZANNE.

Eh bien, qu'est-il ?

BERTHE.

Il est... barde !

SUZANNE.

Comment, barde ?

BERTHE.

Oui, il chante les héros et les fées blondes comme
toi, en s'accompagnant sur la lyre.

SUZANNE, presque rêveuse.

Un poète !... C'est une jolie profession.

BERTHE, souriant.

Un peu... honoraire.

SUZANNE, paraissant poursuivre une idée.

Dis donc, Berthe...

BERTHE.

Eh bien, quoi ?

SUZANNE.

Tu crois qu'il est... amoureux de moi, ce jeune
homme ?

BERTHE.

J'en suis aussi sûre... que de notre amitié.

SUZANNE.

Ah ! Eh bien, je donnerais... mon petit doigt pour
le lui entendre dire à lui-même, sans m'engager en
quoi que ce fût.

BERTHE.

Prends garde. On ne badine pas impunément avec
ces choses-là.

SUZANNE.

Ah ! une idée !

BERTHE.

Laquelle ?

SUZANNE.

Si nous nous déguisions ?

BERTHE.

Nous déguiser ! folle... et avec quoi ? Où ?

SUZANNE, avec volubilité.

Là, dans cette cabane. Tu sais bien, c'est la bonne
mère Legof qui l'habite avec sa fille. Elles ne deman-
deront pas mieux que de nous prêter leurs costumes
des dimanches. Dieu ! que ce serait amusant. Nous
serions méconnaissables pour des indifférents. Je
veux voir s'il me reconnaîtrait, Lui, et ce qu'il ferait.
Tu te déguiserais en vieille femme. M. Christian est

capable de te faire des compliments!... Ils vont arriver tout à l'heure. Nous sortirons comme par hasard... Oh! Berthe, je t'en supplie, fais cela pour
moi.

BERTHE.

Mais ce n'est pas sérieux. Tu n'y penses pas, ma
chère.

SUZANNE.

C'est très sérieux. J'y attache la plus grande importance. Ma petite Berthe, tu ne te doutes pas, tu
ne peux pas te douter combien je t'aimerais!

BERTHE.

Sirène que tu es...

M. DE KERSAIN, s'approchant.

Qu'est-ce que vous vous dites donc, mes colombes,
des secrets!

SUZANNE.

Cher oncle, c'est Berthe qui veut mettre votre complaisance à l'épreuve et qui m'en faisait la confidence.

M. DE KERSAIN.

Je me doute de ce que c'est. Il s'agit de cette fameuse promenade en mer... (Il regarde la mer.) Il me
semble que la brise est un peu carabinée...

BERTHE, souriant.

Oh! vous n'y êtes pas du tout!

SUZANNE.

Rassurez-vous, mon oncle. Nous n'aurons pas besoin de quitter la terre ferme.

M. DE KERSAIN.

Alors, de quoi s'agit-il ?

BERTHE.

D'un caprice, cher oncle, qui va vous paraître bien... original.

M. DE KERSAIN.

Ce préambule m'inquiète...

BERTHE.

Nous voudrions emprunter pour un instant, à la mère Legof et à sa fille, leurs costumes des dimanches, et nous habiller en paysannes bretonnes.

M. DE KERSAIN.

En paysannes... singulière idée !... Mais où dites-vous que vous trouverez ces costumes ?

SUZANNE.

Chez la mère Legof, dont le mari a été à votre service. Vous savez bien, mon oncle, la pêcheuse de varech qui habite là, dans cette cabane...

M. DE KERSAIN.

Comment, comment ! Ici, en plein jour ? Oh ! il y a de la Suzanne là-dessous.

SUZANNE.

Il n'y a personne aux environs que M. Christian.
Vous l'avez-vu. D'ailleurs, je suis sûre que vous
ne nous reconnaîtriez pas vous-même, si vous n'étiez
pas prévenu. C'est l'affaire d'un quart d'heure, et si
notre petit oncle chéri ne s'oppose pas à notre fantaisie, je lui ferai une surprise à mon tour, et Berthe
lui jouera ce soir dix fois de suite l'air de la *Somnam-
bule* qu'il aime tant !

M. DE KERSAIN.

C'est bon, c'est bon. Vous êtes une enjoleuse...
Enfin, puisque la sage Berthe vons prend sous son
égide...

SUZANNE.

Vous êtes le plus charmant des oncles. (A Berthe.)
Viens vite. Ils seront ici dans un instant.

(Elle l'entraine dans la cabane.)

SCÈNE IV

Ce que femme veut... A-t-on jamais vu pareille
folie. Mes nièces déguisées en pêcheuses de varech !
Ah ! ma pauvre belle-sœur, où êtes-vous ? Comme
votre direction maternelle manque à cette jeune imagination qui court la pretantaine !... J'ai juré à mon
frère mourant de servir de père à son enfant. Je tiens
ma parole de mon mieux...

SCÈNE V

M. DE KERSAIN, STÉPHANE, CHRISTIAN.

(Apparaissent, à gauche, Stéphane et Christian.)

CHRISTIAN, bas à Stéphane.

Ah! M. de Kersain... Nos belles ne sont pas
loin.

M. DE KERSAIN, les apercevant.

Arrivez donc, mon cher Christian. Voilà une demi-
heure que je vous ai aperçu, là-bas, avec ma longue-
vue. Je vous attendais pour rentrer à la villa.

CHRISTIAN, saluant et serrant la main de M. de Kersain.

Toujours aimable, cher monsieur. Si je vous avais
cru si matinal aujourd'hui, je serais allé vous prendre
chez vous ce matin.

M. DE KERSAIN.

Est-ce que vous avez disposé de votre journée?

CHRISTIAN.

Non. Mais, avant tout, permettez-moi de vous

présenter un de mes bons amis, M. Stéphane, un artiste qui vient demander quelques inspirations à notre vieille Bretagne...

M. DE KERSAIN.

Laquelle les lui donnera certainement. Ah! Monsieur, vous foulez un sol fertile en souvenirs, et si vous êtes quelque temps notre hôte, avec votre ami Christian, je me ferai une petite gloire de vous présenter mon pays natal sous ses aspects les plus pittoresques.

STÉPHANE.

Un tel accueil, Monsieur, est de bien bon augure, et je doute que mon voyage me réserve de plus agréables impressions.

M. DE KERSAIN.

Oh! ne doutez pas, ne doutez pas... Vous pouvez avoir ici toutes les surprises.

CHRISTIAN, bas à Stéphane.

On te promet des surprises, hein... c'est alléchant... Maintenant que te voilà dans la place, duel à mort. Je t'avoue que je ne me soucie pas de partir pour l'Afrique, moi.

STÉPHANE.

Ta gaîté est contagieuse...

CHRISTIAN, à M. de Kersain.

Est-ce que vos charmantes nièces ne vous ont pas accompagné ce matin?

M. DE KERSAIN.

Si fait, si fait. Elles ont voulu visiter une grotte qui se trouve là-bas, plus loin... Et comme j'étais un peu fatigué je les ai laissées aller seules, avec Pierre... Elles ne peuvent tarder à revenir...

CHRISTIAN.

Alors, je vais au-devant d'elles...

(Il s'élance vivement à droite.)

M. DE KERSAIN.

Non pas, non pas... (A part.) Le malheureux irait loin !

(Il s'avance vers le fond du théâtre où il disparait un instant en faisant à Christian des signes de rappel. Stéphane reste au fond, à gauche.)

SCÈNE VI

LES MÊMES, SUZANNE, BERTHE.

La porte de la cabane s'ouvre. Suzanne et Berthe apparaissent en costumes de paysannes bretonnes. Berthe a les cheveux et une partie de
la figure cachés sous une grande coiffe. Elle porte une quenouille que
Suzanne lui aide à installer devant la porte. Suzanne s'assied à
quelques pas d'elle et tricote. — En les voyant, Stéphane est saisi
d'étonnement et donne les marques de la plus grande émotion.

M. DE KERSAIN, rentrant en scène avec Christian.

... Je ne suis pas certain du chemin qu'elles pren-
dront... Il y a deux sentiers et vous pourriez vous
croiser. Il vaut mieux les attendre ici...

CHRISTIAN.

Comme vous voudrez...

(Ils aperçoivent les femmes. M. de Kersain paraît embarrassé de
son rôle et fait à ses nièces des signes qui signifient : Quelle
folie.)

STÉPHANE, bas à Christian.

Christian, est-ce une hallucination?... N'est-ce pas
Suzanne que je vois, là, en paysanne bretonne?

CHRISTIAN.

Allons, bon ! Tu vas voir ton idéal partout maintenant.

STÉPHANE.

Mais regarde...

CHRISTIAN.

Je vois bien... Eh ! Eh !... Il y a quelque chose...

STÉPHANE.

C'est elle, te dis-je. Je ne puis me méprendre à ce que je ressens !

CHRISTIAN.

Ah ! çà... Je crois, Dieu me pardonne, que tu as raison. Oh ! ces jeunes filles... En voilà une jolie occasion de lui dire ce que tu ressens !

STÉPHANE.

Elle le saura avant que je m'éloigne...

CHRISTIAN.

Eh bien, en avant ! Moi, je veux voir de près ce qu'il y a sous cette coiffe majestueuse.

(Stéphane fait le tour du théâtre pour s'approcher de Suzanne, passe entre elle et la cabane et vient s'accouder à l'angle de cette cabane, derrière la jeune fille, sur le devant du théâtre, à droite.)

CHRISTIAN, à M. de Kersain.

C'est joli, n'est-ce pas, ce costume?

M. DE KERSAIN, préoccupé.

Oui, oui... c'est dommage qu'il tende à disparaître...

CHRISTIAN.

Il est vrai qu'on n'en voit plus guère qu'au théâtre... C'est comme ces quenouilles, il faut venir ici pour en trouver encore...

M. DE KERSAIN.

Ah! ces quenouilles bretonnes ont leur glorieuse légende. C'est d'elles qu'est sortie autrefois la rançon de mon compatriote Bertrand Du Guesclin. On n'eut qu'à dire par les chemins : « Filez, femmes de Bretagne, le bon chevalier est prisonnier des Anglais! » et l'on vit surgir de ce lin un monceau d'or. C'était le beau temps des élans généreux!

CHRISTIAN.

Mais, cher Monsieur, il me semble que, sous ce rapport, le temps présent n'a rien à envier à son aïeul, et que, dans ces jours néfastes, si près de nous encore, où non seulement un général, mais une armée était prisonnière, toute la France fut bretonne en pratiquant largement cette généreuse tradition!

M. DE KERSAIN.

C'est vrai, c'est vrai, mon ami. Le dévouement est toujours jeune.

(Ils se serrent la main.)

CHRISTIAN.

C'est amusant de voir filer... Vous ne trouvez
pas?

M. DE KERSAIN.

Si, si, si...

(Ils s'approchent de Berthe.)

STÉPHANE, à Suzanne.

Belle pêcheuse, est-ce pour attendre votre fiancé,
que vous avez mis ce matin cette coiffe blanche et
revêtu cet air de fête?

SUZANNE.

Est-ce pour surprendre les secrets d'autrui, que
vous avez pris ce matin le chemin de la falaise, beau
voyageur?

STÉPHANE.

Les filles de Bretagne sont-elles devenues si fières,
qu'elles repoussent le salut d'un passant?

SUZANNE.

Elles ne le repoussent pas, et ont toujours un bon
souhait à rendre en échange.

STÉPHANE.

Recevez donc le mien, ma belle enfant.

SUZANNE.

Notre-Dame d'Auray vous protège, mon beau
monsieur.

12.

CHRISTIAN, à Berthe.

Je croyais que le travail de la quenouille déformait les doigts des fileuses?

BERTHE.

On le dit...

CHRISTIAN.

C'est que vous avez encore les plus belles mains du monde...

M. DE KERSAIN.

Oh! il y a des effets très curieux, ainsi...

STÉPHANE, à Suzanne.

Vous m'accusiez tout à l'heure d'indiscrétion : ce ne peut être un secret pour personne qu'on soit aimée, quand on est si jolie...

SUZANNE.

Monsieur...

STÉPHANE.

Mais l'heureux gars lui-même à qui cela est permis ne saurait être jaloux, s'il entendait ce que je veux vous dire.

SUZANNE.

Ah!...

CHRISTIAN, à Berthe.

Je n'aurais jamais cru qu'il existât dans ce pays deux paires d'aussi jolies mains. Seulement, les autres mains dont je parle sont attachées à des bras

divins... (comme vous en avez peut-être, ma chère
dame) lesquels bras...

M. DE KERSAIN, se promenant d'un air agité. A part.

Ah çà ! est-ce que cette petite comédie ne va pas
bientôt finir ?

BERTHE, à Christian.

Êtes-vous bien sûr que la femme dont vous parlez
soit la plus belle d'ici ?

CHRISTIAN.

Oh ! certainement, et si je pouvais...

STÉPHANE, à Suzanne.

La nature a fait un miracle ! Elle a conçu, il y a
dix-huit ans, une créature si charmante, qu'elle a
voulu aussitôt lui donner une sœur jumelle. Toutes
deux viennent de s'épanouir : l'une, au sein des mille
féeries de l'opulence où, d'un éclair de sa beauté, elle
a illuminé et brisé en même temps ma vie, sans le
savoir ; l'autre, sous le soleil de Bretagne, dans un
repli de la falaise, où elle va faire, sans doute, le bonheur d'un homme, et où elle écoute en ce moment un
inconnu qu'elle ne reverra jamais, et qui voudrait,
avant de s'éloigner, lui laisser un souvenir.

M. DE KERSAIN, s'approchant et regardant Suzanne d'un air
significatif.

Il me semble que mes nièces tardent bien à
revenir...

BERTHE, à Christian.

... Lire dans le cœur d'autrui ? C'est beaucoup d'ambition... Pourtant, allez offrir en pèlerinage un cœur d'or à la Madone de la falaise. On dit qu'elle exauce toujours ceux qui l'implorent.

SUZANNE, à Stéphane.

Cette sœur jumelle dont vous me parlez, Monsieur, porte donc malheur à ceux qui l'approchent, puisqu'elle a causé le vôtre ?

STÉPHANE.

Mon malheur, au contraire, est de ne pouvoir l'approcher !

SUZANNE.

Qui vous en empêche ?

STÉPHANE.

Tout !... et rien... (Détachant un médaillon de sa chaîne de montre.) Tenez, image de Suzanne, ce médaillon vient de ma mère... Vous feriez une douce aumône à un pauvre de bonheur, en portant ce léger cercle d'or.

SUZANNE, après un moment d'hésitation, prenant le médaillon.

Merci pour ma sœur, mystérieux voyageur. Je l'accepte pour elle.

(Elle se rapproche de Berthe.)

CHRISTIAN.

Je suivrai votre conseil, ma bonne dame. J'irai voir la Madone de la falaise.

M. DE KERSAIN.

Nous ferions peut-être bien, maintenant, d'aller au-devant de mes nièces.

CHRISTIAN.

Volontiers.

BERTHE, bas, à Suzanne.

Eh bien, belle curieuse, votre épreuve a-t-elle réussi ?

SUZANNE, bas, à Berthe.

Ma chère Berthe, je t'aime... Viens, je vais te dire tout !

(Elles entrent dans la cabane, Stéphane les suit des yeux. Christian fait des ronds par terre avec sa canne.)

SCÈNE VII

M. DE KERSAIN, STÉPHANE, CHRISTIAN.

M. DE KERSAIN, à Christian.

Eh bien, mon cher Christian, que faites-vous donc
là?... Est-ce que vous seriez devenu rêveur, par hasard?... Vous, si joyeux tout à l'heure...

CHRISTIAN.

Ma foi, je l'avoue, vous me prenez en flagrant délit
de rêverie. C'est cette brave femme, je crois, qui,
avec ses airs mystérieux, m'a mis un grain de mélancolie dans la cervelle... Et toi, Stéphane, à quoi
penses-tu?

STÉPHANE.

Ce serait trop long à dire...

M. DE KERSAIN.

Comment, vous aussi, Monsieur?

CHRISTIAN.

Oh! lui, ce n'est pas étonnant. La rêverie est son
état normal.

M. DE KERSAIN.

Allons, allons, il faut chasser ça. C'est aujourd'hui
jour de fête, puisque nous avons un nouvel hôte.
Mon cher Christian, il faut célébrer l'arrivée de votre
ami. J'ai, dans les caves de mon pigeonnier, un certain vin de la Côte-d'Or...

CHRISTIAN.

Bravo ! excellente idée ! Oui, nous fêterons aujour-
d'hui l'arrivée de ce cher Stéphane. Vivent les gais
propos, les visages souriants et les mains qui se serrent ! Nous boirons... à tout ce que nous aimons : à
la folie, à la sagesse, aux brunes, aux blondes, à la
patrie, à votre passé, à notre avenir et à la gaîté !

M. DE KERSAIN.

A la bonne heure ! Je vous reconnais...

STÉPHANE, regardant sur la route.

Qui vient là ?

CHRISTIAN, regardant.

Ah ! ce sont ces dames...

(Il s'avance à leur rencontre.)

SCÈNE VIII

(Suzanne et Berthe ont repris leur premier costume. Suzanne porte au cou le médaillon de Stéphane.)

M. DE KERSAIN.

Enfin, vous voilà !

SUZANNE.

Mais, mon oncle, nous n'avons pas été plus long-temps qu'il n'était convenu.

M. DE KERSAIN.

Hum, hum... Mes enfants, je vous présente notre nouvel hôte, un ami de M. Christian, M. Stéphane.

(Suzanne s'incline en rougissant. Stéphane salue, pâle d'émotion, puis se rapproche de Christian. M. de Kersain continue de parler à ses nièces.)

CHRISTIAN, bas, à Stéphane.

Quelle drôle de mine fais-tu ? Est-ce que tu vas te trouver mal ?

STÉPHANE.

Elle a mis mon médaillon !

CHRISTIAN.

Quel médaillon ?

STÉPHANE.

Un souvenir de famille que j'ai osé, je ne sais comment, lui offrir tout à l'heure. Vois, il est à son cou.

CHRISTIAN.

Mais alors, tu triomphes !

STÉPHANE.

Oui, mais inutilement pour mon bonheur. La témérité même de cette enfant me dégrise. Le temps des Lindors n'est plus. Derrière la généreuse inexpérience de cette charmante fille, il faut toujours que je me heurte à l'inévitable question de fortune. Ce serait folie à moi que de m'exposer à quelque douche glaciale. Décidément, dans quelques heures, je serai loin d'ici.

CHRISTIAN.

Toujours la bascule. Te voilà dans le cinquième dessous. Tout à l'heure, tu seras dans la lune.

M. DE KERSAIN, à Suzanne.

Qu'est-ce que tu as donc là au cou, mignonne ; je ne te connaissais pas ça...

(Suzanne hésite à répondre.)

BERTHE.

C'est la fille de la mère Legof qui vient de lui

offrir ce médaillon. C'est aujourd'hui le jour de ses fiançailles, et cela doit porter bonheur à Suzanne.

M. DE KERSAIN, examinant toujours le médaillon.

C'est étrange... ce bijou me rappelle des souvenirs... Donne-le-moi donc, mon enfant... (Suzanne étonnée détache le médaillon et le remet à son oncle.) C'est bien cela... cette émeraude au milieu... et derrière... S K, le chiffre de ta mère...

SUZANNE.

De ma mère ?

M. DE KERSAIN, à Christian et à Stéphane.

Tout ceci est une énigme pour vous, Messieurs. Ne vous étonnez pas de mon émotion. Ce médaillon me rappelle de cruels événements. C'est un hasard providentiel qui le fait tomber entre mes mains, car j'ai fait autrefois de vaines recherches pour en découvrir le possesseur...

STÉPHANE, très agité.

Parlez, Monsieur !

M. DE KERSAIN.

Ce médaillon fut donné par moi à ma belle-sœur, il y a dix-huit ans. (A Suzanne.) A l'occasion de ta naissance, mon enfant. Les parents de Suzanne se trouvaient alors à l'île Bourbon, où de graves intérêts les avaient appelés. Mon frère, forcé de différer son retour en France par la santé chancelante de sa femme, s'était installé provisoirement à Saint-Denis. La fatalité voulut qu'un terrible ouragan vînt alors bouleverser l'île. Plusieurs maisons s'écroulèrent en partie, et, parmi elles, celle qu'habitait M. de Kersain. Celui-ci, blessé grièvement et réduit à l'impuissance, allait voir périr sa femme et sa fille, lorsqu'un Français, un militaire, je crois, s'élança au péril de sa vie à travers les décombres, et rapporta dans ses bras la mère et l'enfant. Mon pauvre frère, au milieu du désordre de cette nuit sinistre, put à peine échanger quelques mots avec son courageux sauveur. Il eut pourtant la présence d'esprit de lui faire garder, comme signe de ralliement, ce médaillon tombé du cou de sa femme évanouie.

CHRISTIAN.

Alors ils se revirent plus tard ?

M. DE KERSAIN.

Ma belle-sœur ne se releva pas de cette horrible secousse, et, lorsque j'arrivai moi-même à Bourbon, je ne pus que recueillir les derniers vœux de mon frère mourant. Il me léguait sa fille et sa dette de reconnaissance envers son sauveur. Mais je suis sur la trace, maintenant, et j'espère...

STÉPHANE.

Je crois, Monsieur, pouvoir vous éviter de plus longues recherches...

M. DE KERSAIN.

Vous connaissez celui à qui a été donné autrefois ce médaillon ?

STÉPHANE.

C'était mon père...

CHRISTIAN.

Ah ! la rencontre est merveilleuse !

BERTHE, à demi-voix, à Suzanne.

Ma chère Suzanne, le ciel semble protéger tes amours.

M. DE KERSAIN.

Votre père ?

STÉPHANE, à M. de Kersain.

Oui. Il était, à cette époque, capitaine d'infanterie de marine en garnison à Bourbon. L'épisode que vous venez de rapporter est aussi un de mes souvenirs d'enfance. Du reste, mon père ne survécut pas longtemps lui-même à ceux qu'il avait sauvés. Il quitta presque aussitôt l'île Bourbon pour le Sénégal, où la fièvre l'emporta à son arrivée. C'est par les soins du ministère de la marine que ma mère fut mise en possession de ce bijou dont elle connaissait l'histoire.

M. DE KERSAIN.

Puisque ce brave officier n'est plus, c'est à son fils que je veux essayer de prouver ma reconnaissance.

CHRISTIAN.

Allons, Messieurs, je m'applaudis d'avoir été le trait d'union qui vous rassemble.

M. DE KERSAIN.

En effet, mon cher Christian, c'est à vous que nous sommes redevables...

CHRISTIAN, souriant.

Oh!... je ne suis que l'humble instrument de la Providence.

M. DE KERSAIN, regardant toujours le médaillon.

Il y a encore quelque chose d'obscur pour moi. Comment se fait-il que ce médaillon ait été donné à ma nièce par la fille de la mère Legof?

STÉPHANE.

C'est moi, Monsieur, qui ai donné ce médaillon à la jeune fille qui est sortie tout à l'heure de cette cabane. Son étrange ressemblance avec une personne... dont je ne saurais oublier les traits, a été cause de cette offre spontanée qui n'était de ma part qu'un hommage indirect et presque involontaire, rendu à celle dont cette jeune Bretonne m'a paru la vivante image.

M. DE KERSAIN, regardant Suzanne et Stéphane avec étonnement et commençant à se douter de la vérité. Sévèrement et avec un peu de hauteur.

Ah !... mais c'est la journée aux surprises, aujourd'hui... Et que dit à cela mademoiselle de Kersain ?

SUZANNE.

Mademoiselle de Kersain, mon oncle, ne saurait renier ce qu'a fait la paysanne bretonne.

BERTHE, à Suzanne.

Bien ! Suzanne...

M. DE KERSAIN.

Allons... (à Stéphane.) Monsieur, j'aurais mauvaise grâce à reprocher à ma nièce son peu de confiance en moi...

SUZANNE.

Oh ! mon oncle...

M. DE KERSAIN.

... Et sa petite incartade, puisque c'est à cela que je dois de serrer la main du fils de l'homme courageux qui s'est dévoué autrefois pour les miens...

(Il lui tend la main.)

STÉPHANE.

Je bénis la mémoire de mon père qui semble me protéger encore, et je souhaite ardemment, Monsieur, de gagner moi-même...

M. DE KERSAIN.

Toute ma sympathie vous est acquise dès à présent. Quant à la dette de mon frère, il paraît, d'après ce que je découvre, que ma nièce voudra bien m'aider à l'acquitter.

(Suzanne rougissante se presse contre M. de Kersain qui l'embrasse au front.)

CHRISTIAN, à Stéphane.

Mon ami, dis-moi adieu. Je pars pour la région des crocodiles...

STÉPHANE, montrant Berthe.

Christian, regarde cette belle statue de la Mélancolie. Il ne lui manque, pour s'animer et resplendir, que le feu de ta jeunesse et de ta gaîté !

CHRISTIAN.

Elle et moi ?... Mais c'est la Nuit et le Jour !

STÉPHANE.

Eh bien ! Qu'y a-t-il de plus doux, à côté des ardeurs de l'un, que les ombres et la fraîcheur délicieuse de l'autre ? *Les extrêmes se touchent !*

M. DE KERSAIN, regardant sa montre.

Je crois, Messieurs, qu'il serait temps de prendre le chemin de la maison...

CHRISTIAN.

Nous voici...

STÉPHANE, à Christian, en montrant toujours Berthe.

Va donc, Prométhée !

CHRISTIAN, véritablement ému.

Stéphane... pourquoi ne l'avouerais-je pas... Il me semble que tu dis vrai... Je ne l'ai jamais vue si belle... Ah !... Est-ce que j'aimerais ! ! !

(Il s'élance vers Berthe, lui offre le bras et sort avec elle à droite. M. de Kersain suit avec Suzanne.)

STÉPHANE, seul en arrière.

Salut, mer vermeille ! C'est à ton murmure qu'est né mon bonheur !

M. DE KERSAIN, se détournant à demi avant de disparaître.

Venez-vous, monsieur Stéphane ?

EXTRAIT DU RAPPORT

SUR LE

CONCOURS DES JEUX FLORAUX DE 1878

PAR M. LE COMTE FERNAND DE RESSÉGUIER

Nous reprendrons notre voyage à travers les poèmes, par l'examen de celui de M. Léon Advier. Il a pour titre : *Le Mal du pays*, et il a remporté le prix.

La scène, mise en relief, n'est pas plus saisissante que celles que nous avons rencontrées dans les récits précédents. Seulement, pour être plus parfait et plus vrai, il a suffi au poète d'être franc, discret, et presque avare de vains accessoires.

Vous savez tous ce qu'est ce mal cruel et fatal que l'on nomme la nostalgie : l'amour du sol aboutissant à la consomption, anémie terrible qui défie la science et pour laquelle il n'y a d'autre remède que l'air du pays natal.

Donc, un pauvre conscrit breton, enlevé à son village et aux travaux de son champ, est là couché sur un lit d'hôpital. Appelé à son chevet par une lettre suprême, son vieux père est accouru. A sa vue, l'enfant se ranime, ses joues se colorent, la force revient. Il palpe de ses doigts amaigris les vêtements, le bâton noueux, la besace du voyageur, et retrouve la vie dans un morceau de pain noir pétri par sa mère ! Rien n'est simple comme ce récit, rien n'est attendrissant comme cette communion mystérieuse et vivifiante qui rattache à l'existence cet enfant sevré par la loi du lait de la famille et du foyer.

Après avoir lu, l'Académie n'a pu s'arrêter longtemps aux épîtres qui concouraient, elles aussi, et qui lui disputaient le prix. La violette est restée aux mains de celui qui nous a prouvé que la poésie a besoin, pour vivre, de cœur plus encore que d'esprit.

TABLE

PETITS POÈMES ET POÉSIES DIVERSES

FIN DE LA TABLE.

Paris. — Impr. E. Capiomont et V. Renault, rue des Poitevins, 6.